普通高等教育艺术设计类新形态教材
宋立民　总主编

# 园林景观设计

（第二版）

GARDEN LANDSCAPE DESIGN

(The 2nd Edition)

张　勐　元合玲　张旻桓　主编

中国轻工业出版社

图书在版编目（CIP）数据

园林景观设计 / 张勖，元合玲，张旻桓主编. —2版. —北京：中国轻工业出版社，2024.11
ISBN 978-7-5184-4989-7

Ⅰ.①园… Ⅱ.①张… ②元… ③张… Ⅲ.①园林设计—景观设计 Ⅳ.①TU986.2

中国国家版本馆CIP数据核字（2024）第110074号

责任编辑：李　争
文字编辑：王　玥　　　　责任终审：高惠京　　设计制作：锋尚设计
策划编辑：王　淳　王　玥　责任校对：晋　洁　　责任监印：张京华

出版发行：中国轻工业出版社（北京鲁谷东街5号，邮编：100040）
印　　刷：天津裕同印刷有限公司
经　　销：各地新华书店
版　　次：2024年11月第2版第1次印刷
开　　本：870×1140　1/16　印张：9
字　　数：300千字
书　　号：ISBN 978-7-5184-4989-7　定价：59.80元
邮购电话：010-85119873
发行电话：010-85119832　010-85119912
网　　址：http://www.chlip.com.cn
Email：club@chlip.com.cn
版权所有　侵权必究
如发现图书残缺请与我社邮购联系调换
231327J1X201ZBW

# 前言 PREFACE

习近平总书记在二十大报告中指出：我们坚持绿水青山就是金山银山的理念，坚持山水林田湖草沙一体化保护和系统治理，全方位、全地域、全过程加强生态环境保护，生态文明制度体系更加健全，污染防治攻坚向纵深推进，绿色、循环、低碳发展迈出坚实步伐，生态环境保护发生历史性、转折性、全局性变化，我们的祖国天更蓝、山更绿、水更清。

园林景观设计具有生态环境和人文社科双重属性，需要深度贯彻绿水青山的设计理念，融合设计空间形态，在自然环境中拥有光、形、色、体等的可感知因素，同时要求具有一定文化内涵，能够给公众带来较好的娱乐、运动、观赏等体验。

在园林景观设计之前，必须了解园林景观包含的设计元素，这样才能从科学角度获取合理的设计方案。

1. 铺装。要求铺装能与园林景观环境相融合，应选择符合行业标准《混凝土路面砖》JC/T 446-2000的地砖，并且还必须具有抗腐蚀、抗风雨、防滑、耐用等功能材料进行铺装施工，铺装色彩要能给人带来舒适感，色彩主次分明，硬质铺装与软质铺装比例要控制好，在保证实用性与耐久性的基础上，还具备审美艺术感。

2. 景观小品。明确统一的重要性，并能在统一中有所变化，在变化中实现统一。景观小品的造型、色彩、质感等要与周边环境相协调，比例要合适，不可过大或过小，具体形象要与园林景观的设计主题相契合，不可相互矛盾。

3. 雕塑。能够装点公众生活，能够表现时代精神，能够传递历史信息，能够沟通人的心灵，并能在潜移默化中陶冶公众情操，起到艺术教育的社会作用。

4. 绿化。绿化是园林建设的必要元素，设计要求能在有限的空间内，通过绿植合理布局，实现美化园林环境，净化园林空气，增强园林环境的生机与活力的目的。

5. 广场。广场是能为公众提供娱乐、健身、休息、集会、阅读、学习等功能的开放式场所，广场作为园林景观造景的一部分，不仅需要具备独特性，还需具备一定文化内涵，设计时要收集同类型广场设计案例，取长补短，在结合园林所处地区地质环境、水文环境的基础之上，合理规划广场的规模与形状。

6. 滨水景观。要认识到滨

水区域生态环境的重要性，充分利用自然河流、湖泊、海洋等水体的流动性，掌握其季节性水涨水落的变化，利用其丰富的动植物景观资源与人文景观，全方面地创造出多样的滨水景观空间，并使该空间能够满足公众观赏、休闲娱乐、聚会等各种活动要求。

本书是一本综合性很强的书籍，共分为7章，书中不仅系统地归纳了园林景观设计的基础知识，同时还分类详细讲解了有关园林景观铺装、园林景观小品、园林景观雕塑、园林景观绿化、园林景观广场、园林滨水景观等的设计知识。每章开始有"章节导读"，明确本章学习的主要内容和目的，结束有"本章小结"，总结本章需要掌握的知识和设计要点，最后的"课后练习"均以书本知识为依据，满足读者对知识掌握的实战性与实效性；在正文中穿插着"补充要点"，拓宽读者的知识面。

本书根据2017年第1版基本框架结构，对全书内容进行了全面的更新，包括园林景观的铺装设计、小品设计、雕塑设计、绿化设计、广场设计、滨水设计等内容，相对弱化了传统理论知识，强化了实用的设计要点等，采用真实项目案例讲解现代园林景观设计方法。在编写过程中，清华大学美术学院环境艺术系宋立民教授、湖北工业大学王红英教授给予了极大的支持，在此表示感谢。由于时间仓促，内容或有不足和疏漏，敬请广大读者及时批评指正。

张勔　元合玲　张旻桓
于中南林业科技大学

# 目 录 CONTENTS

## 第1章 园林景观设计基础

1.1 园林景观设计概述 ……………… 001
1.2 园林景观设计方法 ……………… 008
1.3 园林景观设计案例解析 ………… 016
课后练习 …………………………… 017

## 第2章 园林景观铺装设计

2.1 铺装设计基础 …………………… 018
2.2 铺装设计方法 …………………… 022
2.3 铺装技术要求与工艺 …………… 033
2.4 园林景观铺装案例解析 ………… 044
课后练习 …………………………… 048

## 第3章 园林景观小品设计

3.1 景观小品基础 …………………… 049
3.2 构筑类景观小品 ………………… 053
3.3 观赏类景观小品 ………………… 058
3.4 设施类景观小品 ………………… 063
3.5 园林景观小品案例解析 ………… 067
课后练习 …………………………… 070

## 第4章 园林景观雕塑设计

4.1 雕塑设计基础 …………………… 071
4.2 雕塑设计方法 …………………… 074
4.3 园林景观雕塑案例解析 ………… 087
课后练习 …………………………… 091

## 第5章 园林景观绿化设计

5.1 绿化设计基础 092
5.2 绿化设计方法 094
5.3 园林景观绿化案例解析 109
课后练习 112

## 第6章 园林景观广场设计

6.1 广场设计基础 113
6.2 广场设计方法 116
6.3 园林景观广场案例解析 122
课后练习 125

## 第7章 园林滨水景观设计

7.1 滨水景观基础 126
7.2 滨水景观设计方法 129
7.3 园林景观滨水案例解析 134
课后练习 137

## 参考文献 138

# 第1章 园林景观设计基础

识读难度：★☆☆☆☆
重点概念：发展趋势、设计流程、分类、设计法则、设计方法、景观材料

> **章节导读**
> 园林景观设计是一个涉及景观建筑学、艺术美学、人机工程学、心理学等多个领域的设计学科，它与文化、环境等紧密联系，设计要求因地制宜、以人为本、低碳环保、生态节能，通过围绕可持续发展与绿色发展道路，结合景观设计、园林设计等相关知识，塑造出具备多元化特性的园林景观环境。

## 1.1 园林景观设计概述

### 1.1.1 园林景观设计概念

#### 1. 园林的概念

园林是指在特定的地域上，通过地形改造、绿植植栽、建筑营造、园路布置等方式，创造出具备艺术美的自然、休闲、游憩空间，如庭园、小游园、花园、宅园等（图1-1）。

#### 2. 景观的概念

景观所包含的元素较多，如绿植、山石、水景、小品、雕塑等均属于景观设计元素。园林景观设计是将园林与景观有机地结合在一起的设计领域，在设计时不仅要表达人对土地、自然环境、建筑等的态度，同时也要能反映出人与景的和谐共处，实现园林景观一体化发展（图1-2）。

（a）园林社区

（b）园林街道

（c）园林城市

图1-1 园林景观外延概念

图1-1（a）：园林是具有公众情感的空间，园林社区会将自然园林景观中的绿化、铺装元素融入进来，形成原生态视觉效果。

图1-1（b）：园林街道中有高大的乔木来为街道遮阴，形成丛林效果，但是又不影响街道正常通行功能。

图1-1（c）：园林城市通过有序规划，在城市核心地块中划分出园林景观用地，形成自然、开放的绿化城市。

（a）休憩功能

（b）审美功能

（c）娱乐功能

图1-2 园林景观

图1-2（a）：园林景观设计需要具备多种功能，以满足多种需求，坐凳延伸后可变为桌子，满足更多使用功能。

图1-2（b）：绿地中设计序列步石，周边环绕多种观花灌木，具有丰富的艺术审美形态。

图1-2（c）：景观中的构造、装置、设施除了审美功能外，还具有与人产生互动的娱乐功能，可供进行育儿、健身等户外活动。

## 1.1.2 园林景观设计特点

园林景观设计的目的在于创造兼具舒适性与适配性的空间，要能充分展示空间与景观的特征与魅力。

### 1. 注重服务性

园林景观设计要具备一定的个性化与公众化特征，适当设置一些服务性设施与指示性路标，便于公众轻松地观赏景观（图1-3、图1-4）。

### 2. 注重与地域文化融合

地域文化是特定区域生态、民俗等文明的表现，独特性较强。现代文明具有创新性与融合性，园林景观设计应将地域文明与现代文明相结合（图1-5、图1-6）。

图1-3（a）：园林景观中的服务性设施主要可为游览者提供服务功能，休息区座椅布置与造型表现比较自由，座椅不仅有休息功能，还是景观构造的组成部分。

图1-3（b）：中式凉亭与水景相互衬托，人在凉亭中具有良好的视野，能尽收园林景观中的景色。

（a）休闲座椅

（b）凉亭

图1-3 服务型设施

图1-4（a）：仿生造型路标指示性不强，需要箭头图形来强化指示功能，具体造型结合园林周边环境，与园林景观形成整体效果。

图1-4（b）：几何造型路标的形体特征具有强烈的指示性，表意传达效率高，信息量大，符合商业景观空间。

（a）仿生造型路标

（b）几何造型路标

图1-4 指示性路标

图1-5 湖北随州园——编钟

图1-6 湖北恩施园——哭嫁浮雕

图1-5：曾侯乙墓位于湖北随州，曾在1978年挖掘出国宝编钟，随州园所展示的编钟样品极具文化代表性，能彰显出随州的历史特色。

图1-6：哭嫁是湖北恩施少数民族的传统婚姻习俗，在恩施园的门前浮雕上清楚地雕刻着哭嫁的情景，浮雕上人物的服装、所使用的乐器等都充分展示出恩施的传统民俗文化。

> **补充要点**
>
> **景观规划设计注意事项**
>
> 强调舒适性，注重景观空间的安全性，保证各个功能区域设置合理，考虑景观区域内水面宽度、水流速度、堤岸强度等的合理性。注重投资价值的合理与日常管理的高效。

### 3. 追求与自然和谐共存

园林景观设计应当遵循与自然和谐共存的原则，要结合地理环境与地形特征，因地制宜地设计，在设计的过程中，不可破坏自然景观的生长（图1-7）。

（a）人与自然共存　　　　（b）住宅区中的自然景观

图1-7　因地制宜设计

图1-7（a）：巧妙地利用地形，将园林景观中的建筑与周边自然环境有机地结合在一起。

图1-7（b）：在住宅区中营造出具有自然特征的景观，将经过修剪的灌木与未经过修剪的乔木相组合，形成丰富的视觉层次效果。

## 1.1.3　园林景观设计类型

### 1. 欧洲古典园林景观

欧洲古典园林景观讲求自然美与人工美共融，设计以自然式或规则式布局为主，多以花岗岩、大理石等优质石材雕刻小品（图1-8）。

### 2. 中国古典园林景观

中国古典园林景观能表现出中华文化的艺术魅力，融入中国传统文化和审美，运用假山、水景、花草树木来追求自然美，通过小品、绿植等传达人文精神境界，绿植、花卉多为具备象征意义的竹、

图1-8　欧洲古典园林景观

图1-8：欧洲古典园林追求几何美、机械美，要求在园林景观设计中对自然绿植进行修剪、雕饰，形成具有审美的装饰效果。

松柏、莲、紫薇等（图1-9）。

**3. 日本园林景观**

日本园林景观充分体现了贴合自然、欣赏自然的美学观念，设计注重对人的关怀，且崇尚大自然，空间中的景物富有禅意（图1-10）。

**4. 乡村庭园景观**

乡村庭园景观追求对心灵的洗涤，设计简单，花草树木生长自然，休闲气息与淳朴之感扑面而来，同时在各具特色的乡村景观元素中，也能感受到浓郁的乡土风情（图1-11）。

**5. 现代园林景观**

现代园林景观注重人性化空间的营造，对设计尺度要求严格，尊重历史、尊重自然，积极运用新技术、新材料、新工艺，具备较好的观赏性与实用性（图1-12、图1-13）。

图1-9 中国古典园林景观

图1-9：中国古典园林景观将人工融入自然，追求"虽由人作，宛自天开。"

图1-11 乡村庭园景观

图1-11：乡村庭园中绿植品种搭配较丰富，以观花植物为主，形成多层次、多色彩对比，符合大多数人的视觉审美习惯。

图1-10 日本园林景观

图1-10：日本园林景观沿袭中国的哲学思想，注重绿植品种的精选与搭配，对绿植进行修饰，将机械审美与自然审美融为一体。

图1-12 现代住宅园林景观

图1-12：现代住宅景观设计强调小品化，将各种构筑、绿化都独立设计，每一个局部都是独立的视觉审美景观，在有限的庭院空间中形成多处视觉景观。

图1-13 现代公共园林景观

图1-13：现代公共园林景观设计将中西方游园、庭院、公共绿地的设计元素融合为一体，划分区域后分区设计，每一个区均为一个独立的设计主题，让人多次、反复游览而不会感到枯燥乏味。

### 1.1.4 园林景观设计流程

园林景观设计的具体流程如下：

1. **资料收集**

获取地形图与勘测文件，利用卫星地图获取勘测地域的地貌信息，施工现场勘查，使园林景观设计更具真实性与全面性。搜集园林景观所处地域的风向、水位、水文、河流年变化资料，了解气候情况、寒暑变化情况、植被资源、水利设施情况、动物资源等信息。

2. **确定设计目标**

包括设计的环境目的、社会目的、经济目的等，在实施设计方案之前要明确设计目标，根据设计目标确定设计流程，按照设计的不同阶段或不同时间来划分流程。

3. **分析环境对象**

包括分析环境要素、社会要素、经济要素、调研对象等，在分析之前要明确这些要素，再结合设计意图与其特色具体分析（图1-14）。根据现场勘测获取数据，从技术层面上分析施工场地的景观环

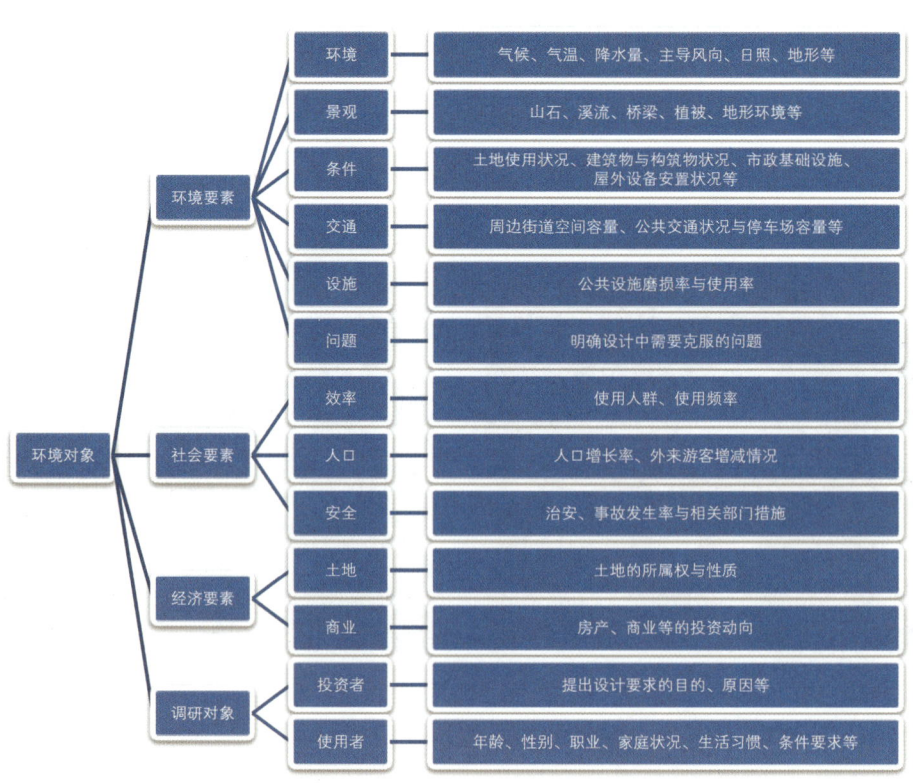

图1-14 环境对象具体内容

境条件，根据调研结果绘制相应图表，作为后期设计分析的参考资料。

**4. 确定设计思想深化设计**

将生态环境保护放在首位，充分满足公众需求与环境保护要求。根据收集到的资料制作总平面图与相关模型，深化设计过程主要包括细化设计功能空间，明确空间设计要求，强化环境观赏性等。

**5. 调整设计**

开展研讨会，听取多方意见，进行综合环境预测，及时调整园林景观的规划与设计方案。分析设计案例，从而开拓设计思路，丰富设计方法，利于设计出更具创造性与全面性的园林景观。

### 1.1.5 园林景观设计发展趋势

未来的园林景观设计必须具备创造性，设计必须能可持续发展，要合理利用园林景观中的各项资源，明确人性化、艺术化、技术化发展趋势，设计应当具备审美性，并贴合自然（图1-15～图1-18）。

图1-15 可持续发展趋势

图1-15：可持续发展主要体现在资源可循环利用上，在设计中预留景观面积，园林空间中的绿化景观宜与建筑构造、设备设施等和谐共存。

图1-16 人性化发展趋势

图1-16：设计必须要对人的需求进行研究与分析，将人的物质需求与精神需求放在重要位置。

图1-17 艺术化发展趋势

图1-17：艺术化发展不仅体现在园林景观造型的特殊性与艺术性上，同时还体现在色彩、灯光、质感上，强化景观呈现形式与景观搭配方式。

图1-18 生态技术化发展趋势

图1-18：生态技术化发展体现在新技术运用上，在设计过程中需深入贯彻生态性设计理念，使园林景观更具完整性。

> **补充要点**
>
> **水体照明与植物照明**
>
> 1. 水体照明设计。要注意视觉上的处理，经过照明后的静态水可以产生丰富的倒影，在与周边建筑物相互融合时，会产生很好的艺术效果。动态水配合不同的灯光，会产生不同的视觉效果，这也能为园林夜景增添光彩。
>
> 2. 植物照明设计。可在植物侧上方布置下照光，合理控制光线照射角度，将植物的剪影巧妙地投影到另一物体上，使影子与植物结合形成具有特色的景观。

## 1.2 园林景观设计方法

### 1.2.1 相关设计法则

了解园林景观相关的设计法则可以增强其艺术性与科学性，同时也能为后续深入设计提供良好的设计经验与参考案例。

#### 1. 注重以人为本

园林景观设计应当考虑使用者的各项需求，充分了解使用者的心理，不同环境下使用者会产生不同的心理与行为，需创造出具备适应性、多变性与包容性的景观空间（图1-19）。

#### 2. 注重生态保护

自然景观资源具备独立性与多样性，在进行园林景观设计时应当保证景观系统的整体性、连续性与完整性，不可大规模地更改自然山林、坡地、湖泊等景观资源（图1-20）。

#### 3. 注重可持续发展

注重地域文化、空间使用效率、生态环境三者可持续发展，重点在于园林景观设计既要能够满足使用者的各项需求，同时又不会给未来的环境造成

图1-19 防腐木栈道

图1-19：园林景观设计强调以人为本，水景中的平台栈道采用防腐木制作，具有较强的耐候性，木料与自然水体、植物融合感强。

严重的危害（图1-21）。

#### 4. 注重结构与功能的合理性

园林景观设计必须具有功能、结构的合理性，具备实用性与适用性，要能为使用者提供物质功能与精神功能，能经受住时间的洗礼（图1-22）。

### 5. 注重形式美的表达

形式美法则包括多样与统一、主从与重点、对比、韵律与节奏、均衡与稳定等不同的形式，具体说明如表1-1所示。

图1-20：保护自然景观资源能保证园林景观设计的可持续发展，维持城市与景观之间的平衡，结合周边自然环境与当地文化环境进行综合设计。特殊造型的绿植可以通过移栽并重新造景，形成丰富的审美形态。

图1-20 保留原始自然植被

图1-21 可持续发展

图1-22 稳定的建筑结构

图1-21：园林景观设计要立足于实践，充分考虑到城市建筑、道路规划与园林景观之间的平衡，避免空间资源的浪费。

图1-22：园林景观中的建筑构造应当运用现代结构技术，强调技术与艺术的结合，将建筑与自然地形融合起来。

表1-1　　　　　　　　　　　　　　　形式美的表现形式

| 1. 多样与统一 |||
| --- | --- | --- |
| 多样 | 统一 | 说明 |
|  |  | 在变化中有统一，在统一中又有变化，赋予园林景观内部不同分区以多样性与变化性，同时也能营造一种和谐感与秩序感，设计应掌握好整体的格调，并能巧妙地将这一格调贯穿于园林景观的设计要素中 |

续表

| 2. 主从与重点 |||
|---|---|---|
| 升高主景 | 轴线对称 | 说明 |
|   |   | 利用主次的差异对比,能够形成更协调、统一的园林景观空间,通过次要部分突出主体特色,可采用改变主景位置、轴线对称法、动势向心法、构图中心法等方式来表现主次景观的差异 |

| 3. 对比 |||
|---|---|---|
| 色彩对比 | 形状对比 | 说明 |
|   |   | 通过色彩对比、形状对比、材料对比等来突出园林景观的特征,并以此吸引公众注意,在设计时不可采用过多的对比,且对比需具备一定的协调性 |

| 4. 韵律与节奏 |||
|---|---|---|
| 重复韵律 | 渐变韵律 | 说明 |
|   |   | 韵律与节奏能够赋予园林景观更强烈的设计美感,主要表现为重复韵律、交替韵律、渐变韵律、起伏韵律、整体韵律等几种形式,重复韵律能增强园林景观的秩序感与整体感;交替韵律能赋予园林景观活泼感与热烈感;渐变韵律能赋予园林景观更细腻的感受;起伏韵律能展示出园林景观不同的形态;整体韵律则能增强园林景观的完整感 |
| 起伏韵律 | 整体韵律 ||
|   |   ||

| 5. 均衡与稳定 |||
|---|---|---|
| 均衡 | 稳定 | 说明 |
|   |   | 稳定的形态能赋予园林景观更多的设计美感,同时也能给予公众更强的安全感与舒适感;均衡有静态、动态之分,静态均衡又有对称与不对称之分,设计时要能在均衡与稳定中寻求变化,同时又能在变化中保持整体的均衡与稳定 |

> **补充要点**
>
> **材料的连接方式**
>
> 木结构采用直榫、马牙榫与胶接加钉的方式连接；钢材料采用焊接、栓接、套接、铆接、节点球连接的方式连接；玻璃材料采用胶接或通过其他构件连接的方式进行连接；钢筋混凝土构件主要采用现浇节点构件进行连接；陶瓷、砖等块材则采用开脚锚固、预埋件节点焊接、膨胀螺栓现场安装的方式连接。

### 1.2.2 合理运用设计方法

**1. 运用对景丰富空间感**

对景指的是运用位于园林景观空间视线端点的景物，将其置于园林景观的甬道端头、广场焦点、入口对面、湖池对面、草坪或道路转折点等位置，这种设计方法可以有效增强园林景观的空间感，能有效主导整个园林景观的设计，主要有直接对景与间接对景这两种形式（图1-23、图1-24）。

**2. 善用借景提高空间艺术感**

借景是将远处的景物纳入到园林景观空间中来，运用这种方法要注重赏景的透明化与观景视线的合理化，可根据实际情况适当地清除一些严重遮挡视线的树木或枝叶，并能根据不同园林景观空间的特征，选择合适的观景视线，这样也能获取更具艺术感、空间层次更丰富的园林景观空间。

借景同样可分为直接借景与间接借景，这里主要介绍直接借景的几种类型（表1-2）。

图1-23 直接对景

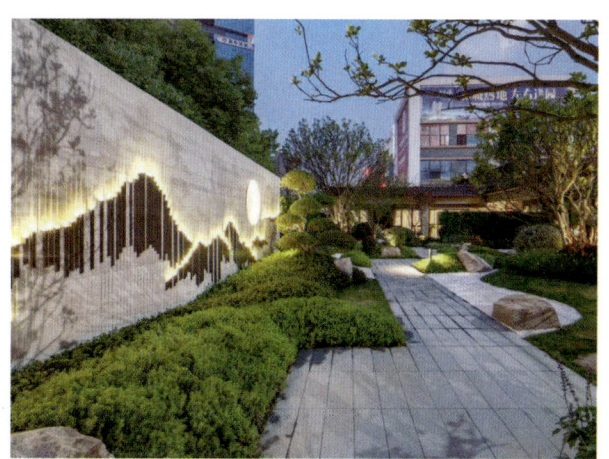

图1-24 间接对景

图1-23：直接对景多用于视觉最易发觉的区域，如道路尽头的亭、台、花架、廊等位置，这些景能让人眼前一亮，吸引人驻足。

图1-24：间接对景具有隐藏性，多置于道路轴线旁侧，能给人一种若隐若现的朦胧感。

表1-2　　　　　　　　　　　　　　　　　直接借景的类型

| 类型 | 图例 | 特点 | 类型 | 图例 | 特点 |
| --- | --- | --- | --- | --- | --- |
| 远借 |  | 将远处的景物纳入到园林景观空间中，可选择山、水、树木或者建筑来作为借景物 | 近借 |  | 通过借助周边环境来达到借景的目的，如亭、台、山、庙、花、漏窗等都可作为借景物 |
| 仰借 |  | 通过仰视角度来借取园林景观空间中某元素外部的景观，以借高处景物为主，如古塔、大树等 | 互借 |  | 园林景观空间中的两个同类型元素相互借景，如建筑、大树等 |
| 俯借 |  | 通过俯视的角度来借取园林景观空间中某元素外部的景观 | — | — | — |

## 1.2.3　运用正确的表达方法

园林景观设计最终需要以更直观的方式呈现出来，需要绘制设计图纸，图纸成为园林景观设计比较科学的参考资料，同时也是完善设计方案必要的技术资料。

在绘制图纸时必须充分考虑色彩、材质、比例、空间等要素之间的搭配问题，这样所设计的园林景观才是完整的、可行的，主要可通过CAD图纸、手绘图纸、模型效果图等方式呈现具体的设计意图。

### 1. CAD图纸表达

CAD图纸可清楚地表达园林景观设计的所有构造细节，主要包括平面图、立面图、构造详图等图纸，在绘制时要确保尺寸数据的可靠性，图纸比例也应适当，应当边绘制边思考该结构是否具备现实可行性（图1-25）。

（a）实景图

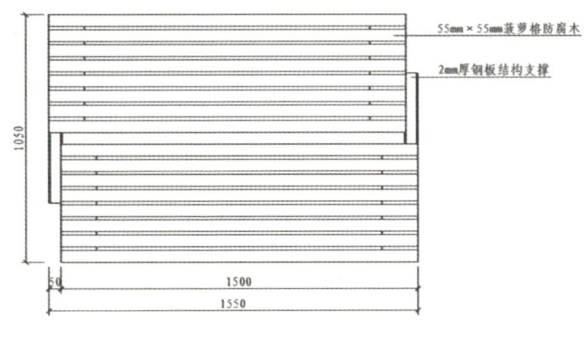

（b）平面图

图1-25　公园座椅CAD图纸

图1-25：公园座椅的尺寸设计需考虑座椅所服务的人群、座椅摆放位置、使用场合等因素，CAD设计图纸中要表现出制作公园座椅所用的材料，包括材料尺寸、材料类型等，公园座椅的设计样式与细节部位等也都应具体表现在CAD图纸中。

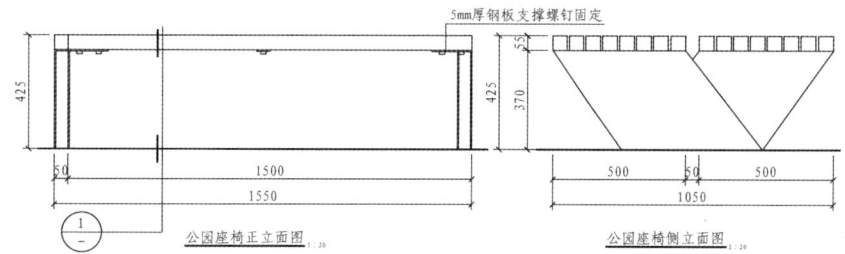

（c）立面图

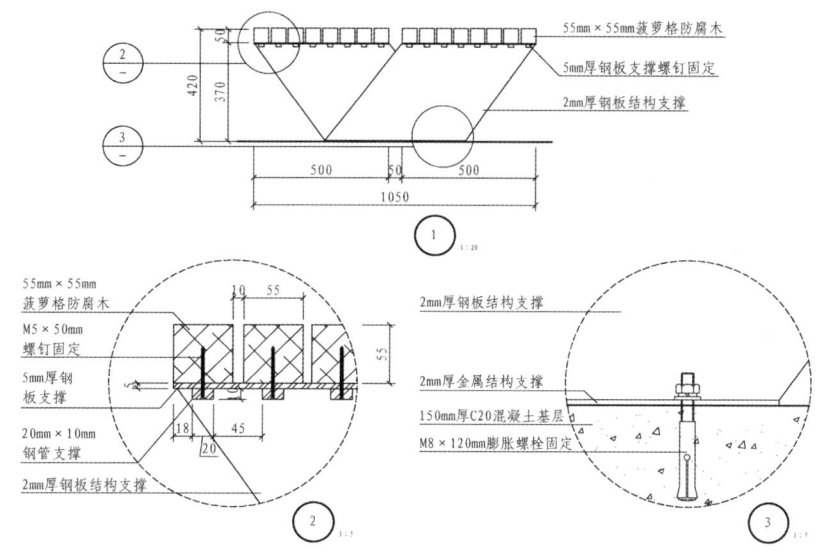

（d）构造详图

图1-25 公园座椅CAD图纸（续）

## 2. 手绘表达

手绘表达图纸主要有黑白线稿、彩色线稿等，黑白线稿色彩单一，多采用线描快速表现设计中的具体内容，主要用于绘制初步设计方案；彩色线稿能够丰富图纸内容，绘制时要注意配色的合理性，色彩的深浅度也要控制好，在上色前应理清各构件的形态特征，应将细节部位绘制清楚（图1-26、图1-27）。

图1-26：黑白线稿的绘制多使用绘图笔、铅笔等工具，这类图纸仅能表现出园林景观空间中的布局样式、材料种类与基础的设计方案等，绘制时要控制好明暗关系，以及尺度、比例关系。

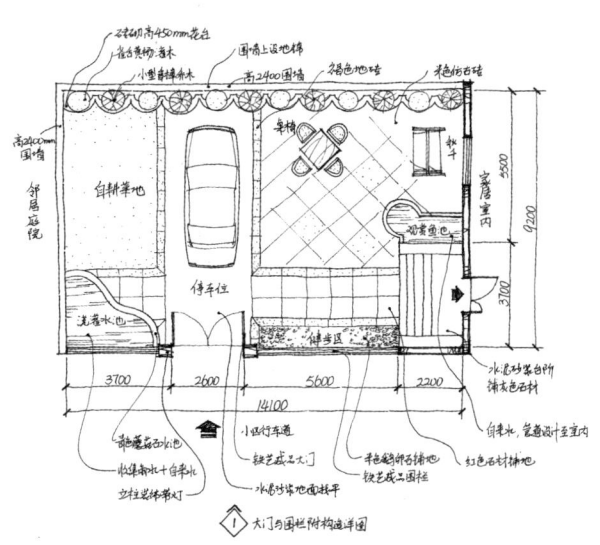

图1-26 黑白线稿

### 3. 模型效果图表达

模型效果图表达图纸主要有手绘效果图与计算机效果图，前者可使用彩铅、马克笔绘制，后者则多使用SketchUP、Maxs等建模软件绘制，这类图纸可以比较立体、直观地展示园林景观设计的具体内容，绘制时应注意控制好画面比例与色彩深浅度（图1-28、图1-29）。

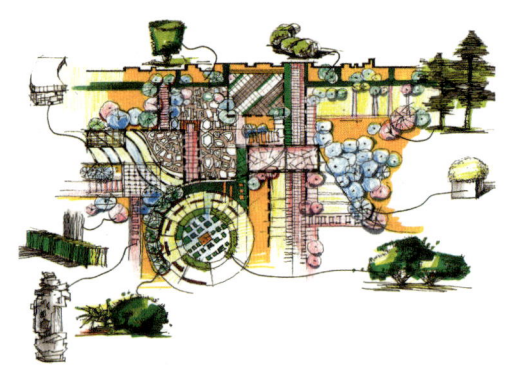

图1-27　彩色线稿

图1-28　手绘效果图

图1-27：彩色线稿上色前应确认图纸中各类构件配以何种颜色，这些颜色的色泽是否相配，是否能与周边环境、周边建筑相融等，通常可通过控制上色力度来调节色彩的深浅度，从而使设计方案更具美感。

图1-28：手绘效果图色彩丰富，整个幅面可以清楚地表达出园林景观设计方案的大致内容，绘制时应将图面中的人物、建筑、花卉、植物等元素适当简单化，应重点绘制细节构造。

图1-29：计算机效果图较手绘效果图更有科学性与真实性，且内容更丰富，所涉及的元素、内容等也更具体化，这种图纸也能更有利于分析、完善园林景观设计方案。

图1-29　计算机效果图

## 1.2.4　灵活搭配材料

材料是设计的基础，不同的材料能赋予空间不同的情感，园林景观中常用的材料有砖、天然石材、木材、金属、玻璃等几种，材料能与园林景观形成一个整体，要根据设计意图来选择合适的材料（表1-3）。

表1-3　　　　　　　　　　　　　　　　常见园林景观材料

| 材料 | 应用图例 | 说明 |
| --- | --- | --- |
| 砖 | | 主流品种为页岩砖与彩色煤矸石砖，造型、色彩涂装较丰富，可自由设计铺装造型，强度适用于人行区地面铺装或砌筑外墙，也可以用于砌筑座椅、树池、花池、水池等构造 |
| 天然石材 | | 天然石材拥有比较好的耐久性，该材料的质地、纹理、色彩等会因产地与成分的不同而发生变化，这些各具特色的天然石材能够为园林景观的设计提供更丰富、更细腻的细节感受 |
| 花岗岩 | | 花岗岩质地比较硬，耐磨性、耐久性、耐酸性、抗风化等性能都十分不错，多用于建筑、台阶等的砌筑中，耐火性比较差，使用时要注意 |
| 大理石 | | 大理石同属于天然石材，晶粒细小，吸水率较小，纹理、色彩均比较丰富，质地也比较坚硬，价格比砖要贵，常用的大理石有汉白玉与艾叶青等 |
| 木材 | | 木材色泽柔和、丰富，实用性较强，表面可自由涂饰，园林景观中多选用硬质木材，纹理美丽、自然，经防腐处理后，适用于支撑构造，如菠萝格、樟子松等 |
| 金属 | | 金属强度较高，在园林景观中，多采用铜、铝合金、钢、不锈钢，铜主要用于制作常规雕塑或景观小品；铝合金多用于建筑局部支撑构件；钢经防腐处理后能用于各种支撑、装饰构造；不锈钢较昂贵，仅用于特色雕塑或景观小品 |
| 玻璃 | | 玻璃具有较好的透明性与透光性，在园林景观中多用作窗玻璃、楼梯护栏、围墙、桥梁、水池等构造 |

## 1.3 园林景观设计案例解析

美国芝加哥河畔步道景观是园林景观的延伸,在全长251千米的芝加哥河流域,遍布着上百种生物物种,如何平衡自然生物与现代城市建设之间的关系,是设计的重点。

芝加哥河畔步道跨域较大,它既是营业场所,又是公共活动区域,设计需具备时代性、多样性、实用性与审美性,在保证使用者安全的前提条件下,要提供休憩、娱乐等功能,设计也应给予公众一定的历史文化感,且在濒临河湖的区域多会有涨水期,因此该步道景观还需具备较好的防洪功能(图1-30~图1-36)。

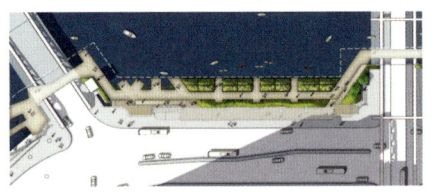
(a)河畔步道设计(一)

(b)河畔步道设计(二)

(c)河畔步道设计(三)

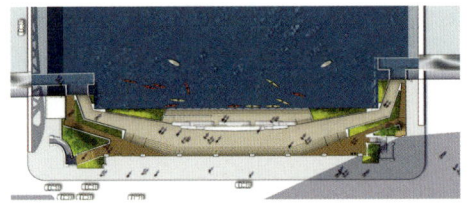
(d)河畔步道设计(四)

(e)河畔步道设计(五)

图1-30:芝加哥河贯穿芝加哥市区,水域发达,河流周边经济发达,景观丰富,在进行河畔景观设计时积极听取公众意见,设计有多种方案供筛选,设计形态强调便利性与艺术审美性。

图1-30 芝加哥河畔步道景观设计相关图纸

图1-31 设计具有时代性

图1-32 设计具有多样性

图1-33 设计具备照明功能

图1-31:芝加哥河畔步道与城市的过去有着象征性的联系,设计与时代紧密接轨,将高科技材料运用到各项设计中。

图1-32:芝加哥河畔步道沿着河边有连续的通行入口,这也给每个被连接的空间都提供了独特的体验与欣赏河流的不同视角,这种多样性为芝加哥河畔步道景观带来了更多可能。

图1-33:芝加哥河畔步道选用的是节能灯具,每一级台阶上都设立了光源,这既提高了设计的安全性,也能给予观者美轮美奂的视觉体验。

图1-34　设计具备休憩、亲水、娱乐功能　　　图1-35　设计具备历史文化感　　　图1-36　设计具备防洪功能

图1-34：步道区域内设置有可供游客就餐的餐桌，在水域旁则设置有木质休闲座椅，其色泽与地面铺装能很好地搭配在一起，既具备实用性又兼具美观性。

图1-35：步道区域广场上部的喷泉水墙，与街旁的石灰岩墙形成纵横向对比，且二者两相呼应，既增强了整体设计的历史厚重感，同时又不失现代感。

图1-36：设计需注意，在涨水期，可利用植被吸收漫上河岸的水流，减缓水流对河岸的冲刷力，设置阶梯式护坡也能在洪水期起到很好的抗冲击作用。

## 本章小结

园林景观设计的服务对象是人，在设计的过程中应当以人为本，要求能够实现人与自然环境的和谐共处，设计注重可持续发展与生态化发展，必须结合当今的环境形势与新兴生态科技，并结合园林景观所处区域地形条件与历史文化条件综合设计。

## 课后练习

1. 简述园林与景观的概念。
2. 园林景观设计有什么特点？
3. 举例说明园林景观设计的设计法则具体表现在哪些方面。
4. 形式美主要包括哪几种表现形式？
5. 借景的类型有哪些？举例说明。
6. 如何进行一次完整的园林景观设计？
7. 搜集相关案例，综合分析园林景观设计的发展趋势与前景。
8. 参观考察当地市政广场的园林景观，观察广场中的思政宣传设计元素，根据拍摄的照片，参考设计一组全新的思政宣传景观造型。

# 第2章 园林景观铺装设计

识读难度：★★★★☆
重点概念：设计原则、设计要素、设计方法、铺装工艺

> **章节导读**
> 铺装是园林景观中不可缺少的造景元素之一，根据不同的材料、色彩、造型，营造出不同的空间效果。本章通过讲解铺装的功能、原则、设计要素、设计手法、铺装技术工艺等知识点，由浅入深地阐明园林景观铺装设计的相关内容。

## 2.1 铺装设计基础

### 2.1.1 铺装设计概念

园林景观铺装是利用天然或人工材料来装饰路面，常见的园路、广场铺装、活动场地铺装、建筑地坪等都属于园林铺装。铺装要满足运动、休闲、交通功能，具备较好的耐磨损、防滑、防尘、防水特性，同时提高铺装的文化内涵与审美价值（图2-1）。

### 2.1.2 铺装的功能

1. 空间功能

空间功能即指物质功能，该功能要求铺装能满足交通、区域划分等要求（表2-1）。

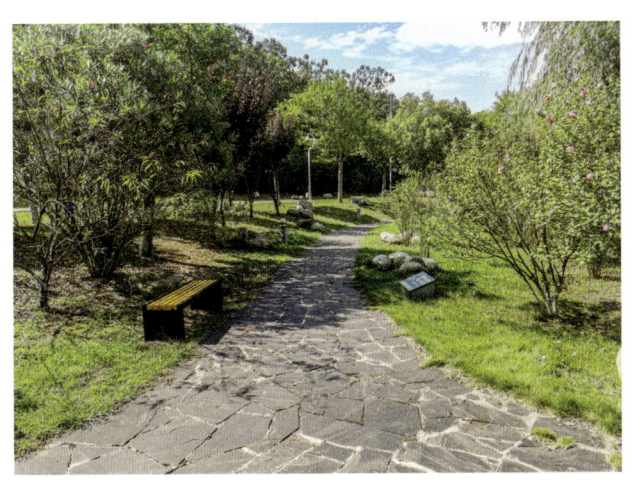

（a）硬质铺装　　　　　　　　　　　　　　（b）软质铺装

图2-1　园林景观铺装

图2-1（a）：硬质铺装主要由混凝土、砖、石板、鹅卵石、碎石等铺装而成，适用于通行频率高的园林景观地面。

图2-1（b）：软质铺装则是指铺装中的绿化配置与组合，适用于通行频率低的园林景观地面。

表2-1　　　　　　　　　　　　　　　铺装的空间功能

| 具体功能 | 图例 | 说明 |
|---|---|---|
| 划定边界 |  | 通过高度差或不同材质、色彩差别来划分功能区边界，具有休息、聚集、入座、运动等标志 |
| 引导人流 |  | 通过材质或图案变化对行走进行引导，粗糙、凸凹的路面表示禁止穿越，舒适、美观的路面传达出鼓励通行的语义，铺装图案的导向性能引导人流运动方向，影响行走的节奏与速度 |
| 组织空间 |  | 划分多个不同功能的小空间，将地面铺装组织成连贯的空间序列，能有效增强园林景观空间的整体感 |
| 保护非践踏设施 |  | 能有效保护非践踏设施，如旱喷设施、草皮植被等，地面铺装能圈定这些设施的不可触范围，从而提醒游览者绕行 |

续表

| 具体功能 | 图例 | 说明 |
| --- | --- | --- |
| 标识 | | 地面铺装彩色混凝土或彩色地砖，可以设计涂饰标识，用于引导行人、车辆正确通行，同时也能提升地面美观度 |
| 美化空间 | | 通过多种多样的形态、纹样来衬托、美化环境，增加园林景色，地面铺装既要富于艺术性，又要满足生态与人性化要求 |

## 2. 艺术功能

艺术功能要求铺装能满足使用者的心理认知与审美需求。

（1）满足心理需求。地面的质量好坏，会引发使用者的喜爱或厌恶情感。科学合理的地面铺装能够充分体现人性化设计原则，能满足使用者的生理、心理需求（图2-2）。

（2）满足审美需求。地面铺装的色彩、材质、构形、尺度等的变化，能为使用者创造优雅、舒适的景观环境（图2-3）。

（3）连接建筑物与环境。地面能将不同颜色、质感的建筑与周边环境完美连接在一起（图2-4）。

（a）儿童游乐区地面铺装

（b）人车混行区地面铺装

图2-2 不同区域的地面铺装形式

图2-2（a）：儿童游乐区应多采用硬度小、有弹性、抗滑性好的材料进行地面铺装，符号、色彩等也应活泼、鲜明，既要能提高安全性，又要能激发、引导儿童玩耍兴趣。

图2-2（b）：人车混行的道路可适当增加铺装的肌理或采用块料铺装的形式来降低车行速度，从而有效保证散步或运动者的安全。

（a）迪士尼乐园草坪铺装　　　　　　　　　　　　（b）办公楼前地面铺装

图2-3　地面铺装的审美要求

图2-3（a）：在供儿童玩耍的小广场上，可以铺装符合儿童心理的色彩与图案，不仅能使儿童感到亲切、喜爱，也能使成年人感到轻松、愉快。

图2-3（b）：办公楼前的地面铺装应当具备理性化特征，铺装材料的色彩、质感等都应与周边环境相协调，要能传递出该地只适合通行，不适合驻足的信息。

（a）地面台阶与建筑物　　　　　　　　　　　　（b）地面水景与建筑物

图2-4　地面连接环境与建筑物

图2-4（a）：地面仅具有二维的平面属性，不同质感、色彩、纹理、构形的地面铺装能对建筑起到装饰、分割、强调、连接、划分等作用，铺装材料与台阶能有效衬托建筑与建筑群。

图2-4（b）：地面水景与自然花木相融合，与建筑形成强烈的形态对比，建筑与景观两者搭配起来相得益彰。

― 补充要点 ―

**园林景观铺装的作用**

园林景观铺装让空间层次丰富而又井井有条，能够创造出更加优美的景观环境，给身处其中的人带来美的享受，能使园林景观环境完整、和谐，结合地方特色的铺装也能够唤起使用者高度的认同感与归属感。生态化的铺装适应当今世界的发展潮流，既美化了环境，又保持了生态的可持续发展，也有利于使用者的身心健康。

## 2.2 铺装设计方法

### 2.2.1 遵循设计原则

园林景观铺装应当遵循相应的设计原则，这也是确保设计质量的重要条件。

**1. 功能性原则**

铺装的功能性要求良好的技术与工艺相结合，使地面铺装所处的空间具有实用性（图2-5、图2-6）。

**2. 以人为本原则**

使用者的习惯、行为等都会对地面铺装产生影响，铺装设计要研究使用者的行为、心理，设计要综合利用各种手段，来满足使用者的需求（图2-7）。

图2-5 步行道

图2-6 车道

图2-5：步行道可为使用者提供散步、通行等功能，地面铺装要求平整、无凹凸，路面宽度要能容纳1~2人或2人以上。

图2-6：车道主要提供车辆通行或人车混行的功能，此处车道位于建筑前方，为了避免事故，地面选用有肌理的铺装材料，以表明通行此处需减缓车速，地面不同的色彩也能便于区分车道与人行道。

（a）樱花小路　　　　　　　　　　　　　　　（b）湖边步行道

图2-7　以人为本的设计

图2-7（a）：在宽大的草坪中开辟一条道路会显得十分突兀，可以在道路两侧种植中等乔木形成远景遮挡，让空旷的草坪富有层次感。

图2-7（b）：充分利用地形，并结合绿化、水体等因素，创造出一个具备自然环境美，且能使人亲近自然的铺装景观。

## 3. 可持续发展原则

铺装设计利用水景、绿化、小品等设计元素，创造出实用、美观的铺装景观，力求人与自然高度融合，合理利用资源，使用耐久性好、装饰性能强且施工方便的新型材料（图2-8）。

（a）中西合璧的生态园林　　　　　　　　　　　（b）耐用性强的道路

图2-8　符合可持续发展原则的设计

图2-8（a）：园林景观铺装设计的可持续发展应当融入当地地域文化，就地取材，避免浪费，铺装不仅要具备特色，也要能引起当地居民的共鸣。

图2-8（b）：装饰混凝土是现代园林景观地面铺装的首选，模压纹理多样，视觉效果独特，铺装厚度小，方便维修，符合现代园林景观可持续发展的原则。

## 4. 协调性原则

园林景观铺装设计属于二维平面范畴，在设计中必须确保铺装景观能与周围环境相互协调，与园林中的绿化、水景、各类小品等在形状、色彩、设计风格等方面都能够相互协调（图2-9）。

## 5. 满足视觉要求原则

园林景观铺装设计要从远景的整体性与近景的创意性等角度出发，满足使用者不同的视觉要求（图2-10）。

（a）协调的色彩

（b）材质的协调

图2-9 符合协调性原则的设计

图2-9（a）：园林景观铺装设计强调与周围环境的协调，宜选用适宜的地面铺装材料来营造出整体氛围。

图2-9（b）：道路主体采用青砖铺装，与草坪交接处铺装大块的天然石板，石板作为平整的路缘石形成道路分界，与草坪形成划分，草坪地面低于铺装路面，便于排水。

（a）远景视角

（b）近景视角

图2-10 满足视觉要求的设计

图2-10（a）：远景指人站在距离主题景观构造较远的位置观看铺装效果，不同的地面铺装材料形成对比。

图2-10（b）：近景指人站在或行走在道路、广场上观看脚下的铺装效果，能细致体会地面铺装材料的纹理、色彩对比。

#### 6. 个性原则

园林景观铺装设计要能灵活运用材料、花纹、铺装色彩等元素，将历史事件、特色建筑、自然景观、动植物等融入铺装设计中（图2-11）。

### 2.2.2 理清设计要素

园林景观铺装设计必须兼具艺术与实用这两种属性，主要包括：色彩、质感、构形、图案、尺度、高差、边界等设计要素。

#### 1. 色彩

兴奋色铺装能够营造喧闹、热烈的气氛；沉静色铺装能给人一种优雅、娴静之感；浅色调铺装轻松活泼；深色调铺装庄严肃穆；寒冷地区铺装可多用红色系，能给人带来温暖感；炎热地区铺装多用蓝色系，能给人带来清爽感；运动场地的铺装则可选用纯度低的色彩，给人柔软、舒适、安全的感觉（图2-12、图2-13）。

（a）日式铺装特色　　　　　　　　　　　（b）纹理丰富的地面

图2-11　符合个性原则的设计

图2-11（a）：通过铺装材料的色彩、质感等方面的创意，营造极富个性魅力的特色空间，更好地传达园林景观特有的历史文化韵味。

图2-11（b）：地面铺装的石材经过精细雕刻，形成半浮雕，塑造出局部空间主题，表现特有的风情与韵味。

图2-12　人行横道　　　　　　　　　　　图2-13　双黄实线

图2-12：人行横道采用红色的地面铺装来警示司机与行人，这种铺装形式能获得良好的安全效果。

图2-13：灰色的路面铺装表现性与注目性相对较差，黄色具有亮眼的视觉效果，道路中央设置双黄线能起到指示作用，有效吸引司机视线，提醒其正常驾驶车辆。

## 2. 质感

（1）质感是通过材料表面特征来传达不同的心理象征。质地细密、光滑的材料能给人华贵感；质感粗糙、无光泽的材料能给人粗犷感；表面坚硬的材料能给人厚重感，表面软柔的材料给人轻柔感（图2-14、图2-15）。

（2）在园林景观铺装中，大空间可选用厚实、线条显著的材料，以给人一种稳重感；小空间可选用细小且圆滑的铺装材料，以给人一种柔和感。铺装材料的质感选择与铺装距离、周边环境等有着密切关系，在铺装时应充分考虑材料特性，并运用对比的手法，配合光线、色彩、造型等来表现出铺装材料的质感（图2-16）。

（3）园林景观设计要注重统一性，小面积铺装必

图2-14 园林广场地面铺装

图2-14：园林广场人流量比较大，地面铺装可采用质地细密、防滑性较好的材料。

图2-15 园林风景区道路铺装

图2-15：园林风景区道路铺装可采用具有自然质感的材料，如天然石材、防腐木等，使整体环境和谐统一。

（a）整齐的道路

（b）碎石纹理组合道路

图2-16 铺装与环境相协调

图2-16（a）：平坦、整齐的道路在绿地中穿越，道路与绿地的质感形成调和统一，给人带来通畅感和安全感。

图2-16（b）：使用混凝土与碎花岗岩组成大块的纹理铺装，由于质感、纹样相似统一，也易形成调和的美感。

须保持统一，如果铺装过于单调，可在铺装地面重点位置使用不同材料衔接、过渡（图2-17、图2-18）。

### 3. 构形

（1）基本要素。主要包括点、线、面等要素，点具有面的优势，更多的是面的特征，同时也具有点的美感（图2-19）；线强调方向与外形，具有较强的感情性格（图2-20）；面是由线的移动或点的集聚形成，强调形状与面积（图2-21）。

图2-17 草坪与石材路面的过渡

图2-18 自行车道与步行道的过渡

图2-17：通过立砌青瓦形成草坪与石材铺装之间的过渡，既能保护草坪，也能增加铺装的丰富性，并提示游览者两种地面材质的变化将在此发生。

图2-18：在自行车道与步行道的交接处设置高差，形成质感和空间上的过渡，由于自行车速度较慢，也可以将二者设置在同一水平面上。

图2-19（a）：点的功能就是表明位置与进行聚集，三个以上不在同一条线上的点可以形成面。

图2-19（b）：在人行道的铺装构形中，常采用序列的点给人以方向感，在园路的铺装处理中，点的排列也能打破路面的单调感，使其充满动感与趣味。

（a）点的构成

（b）点的应用

图2-19 点

图2-20（a）：直线有简单、明了、直率的特点，能带来活泼、焦虑、不安等心理特征，经过组合而成的斜线具有不安全感，缺乏重心平衡，具有飞跃、向上冲刺或前进的视觉特点。

图2-20（b）：地面铺装中运用线来划分不同空间区域，形成多种层次感，搭配色彩过渡渐变，让景观空间富有层次感。

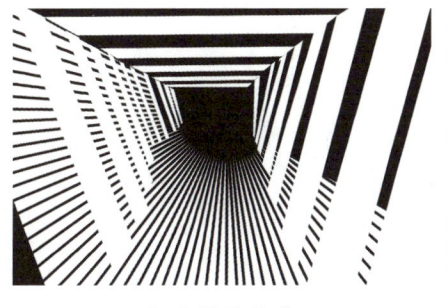
（a）线的构成

（b）线的应用

图2-20 线

图2-21（a）：平面几何形状刚正、严谨而又不失变化，表现出自由、运动、抒情、柔美等特点，但约束力不强，易产生无序、繁杂之感。

图2-21（b）：采用线的元素对地面进行划分，形成多个空间区域，是单一地面铺装材料放大化装饰，能给人带来流动、跳跃感，铺装的现代感也会更强。

（a）面的构成　　　　　　（b）面的应用

图2-21　面

---

### 补充要点

**气候与地面铺装**

1. 在干热气候中，使用较浅的颜色以避免热吸收，可以使用有孔隙的表面，通常使用单体铺路石进行硬质整体铺装。

2. 在湿热气候中，为防止苔藓、水藻的生长及应对降雨，地面排水很关键，为反射热量，铺装应使用浅色。

3. 在温和气候中，地面铺装可用较深的颜色吸收太阳辐射热。

4. 在寒冷气候中，多雪地区由于使用清雪设备，铺装面层需要耐磨，若采用水泥砂浆铺设道路，需要提高伸缩缝的设置密度。

---

（2）基本形式。主要包括重复、渐变、发射等形式，重复是指形态、线条、色彩等多次出现，表现出平稳、规律、秩序化，具有很强的形式美感（图2-22）；渐变构成是指基本形或骨骼循序变动，产生节奏感与韵律感（图2-23）；发射是一种特殊的重复，是基本形或骨骼单位向外散开或向内集

图2-22（a）：重复以简单几何形为宜，过于复杂容易造成画面混乱，重复构成能产生形象的秩序化、整齐化，能给人安全感，且整体画面统一，富有节奏美感。

图2-22（b）：对单一图案进行重复铺装，能形成全新的图案，产生另外一种地面整体装饰效果。

（a）重复构成　　　　　　（b）重复形式铺装

图2-22　重复

中，视觉效果强烈，具有强烈的指向性（图2-24）。

（3）设计手法。从轴、重心等出发进行铺装，轴线贯穿于两点之间（图2-25）；重心是人视线的焦点与心理支撑点（图2-26）。

图2-23（a）：渐变是一种有规律的变化，一切构形要素都可以取得渐变效果，如基本形的大小、方向、形状、色彩渐变等。

图2-23（b）：渐变在地面铺装中多形成一种具象的图案，形成独立的装饰艺术审美，让人参与其中行走，具有互动娱乐性。

（a）渐变构成　　　　　（b）渐变形式铺装

图2-23　渐变

图2-24（a）：发射形式具有一定节奏、韵律等美感，发射构成的图形具有很强的视觉效果，形式感强，富有吸引力。

图2-24（a）：发射形式的地面铺装多用于空间区域的核心部位，以树木、雕塑、建筑等主要景观设计元素为中心，选用的材料多为小规格铺装块材。

（a）发射构成　　　　　（b）发射形式铺装

图2-24　发射

图2-25　轴对称应用　　　　　图2-26　重心构图应用

图2-25：轴线给人以明显的方向性与序列感，不可见轴线强烈地存在于人们的感觉中，能有效增强空间的可读性。

图2-26：小面积地面铺装多采用重心的构图设计手法来强调空间环境的主题，这也能加深人们对园林景观环境的印象。

### 4. 图案

铺装纹样会因场所不同而不同，自然图案包括动物、植物、人物、自然景物等，几何图案多以方形、圆形、三角形、菱形、多边形等为主（图2-27、图2-28）。

### 5. 尺度

铺装的尺度包括铺装图案尺寸与铺装材料尺寸，粗糙质感的铺装材料会产生前进感，细腻质感的铺装材料会产生后退感。在铺装设计中可将质感粗糙的材料作为前景，将质感细腻的材料作为背景，使人产生视觉错觉，扩大空间尺度感（图2-29）。

### 6. 高差

高差可以通过台阶、坡道等方式实现，利用高差变化来分割环境空间，使人感受到不同的环境变

图2-27 地面铺装吉祥寓意纹样

图2-27：地面铺装选用的是特制的雕花砖，砖面纹样蕴含吉祥寓意，能充分展示出中国传统文化特色。

图2-28 地面铺装雕花

图2-28：地面铺装部分区域采用特制雕花板材，雕刻精细，造型美观，极富中国特色。

（a）小场地铺装

（b）大场地铺装

图2-29 铺装的尺度

图2-29（a）：路面砌块的大小、砌缝的设计、色彩与质感等都与铺装场地的尺度有密切联系，小场地铺装质感不宜过粗，纹样则可以细一些。

图2-29（b）：大场地铺装质感可以粗一些，纹样不宜过细，选用统一的色彩塑造面域的整体感。

化。这种高差能增强园林景观的层次感,不过需保证游览者的行走安全(图2-30)。

#### 7. 边界

边界是指一个空间得以界定,区别于另一空间的视觉形态要素,构思巧妙的边界形式可为整个铺装增添特色(图2-31)。

### 2.2.3 明确设计趋向

铺装设计应趋向于人性化、美观化,并向生态化发展。

#### 1. 趋向人性化

铺装设计运用现代技术,根据人的行为习惯、生理结构、心理情况、思维方式等,为公众提供方便、安全的道路(图2-32)。

#### 2. 趋向美观化

铺装设计应具备有序性,在视觉上要具备美感,且不会与周边建筑、绿化等产生冲突,铺装纹理、质感等要符合形式美原则(图2-33)。

#### 3. 趋向生态化

铺装的生态化设计要求铺装材料废弃后能回收利用,铺装的形式与施工有利于生态化发展(图2-34)。

图2-30 铺装高度差

图2-30:铺装的高度差不同,给人的心理感受不同,在较高的区域会有兴奋、高大、开阔感;在较低的区域会有围合、隐蔽、安全、私密感。

图2-31 铺装模糊性边界

图2-31:当铺装与绿化结合时,采用模糊性边界能弱化人工环境与自然环境之间的冲突,灵活的边界处理能为整个铺装带来意想不到的视觉效果。

图2-32 盲道

图2-33 景观分支道路铺装

图2-34 铸铁板台阶铺装

图2-32:无障碍铺装设计充分表现铺装设计中的人文关怀,标志着时代的进步,这也能体现园林铺装的国际性。

图2-33:具备艺术审美的铺装在色彩上能让人眼前一亮,美观性、材料大小、铺装场地等因素之间有着密切联系。

图2-34:景观台阶铺装铸铁板,生锈的褐色与灰白色山石形成色彩对比,废弃后还能重新回炉锻造。

## 2.2.4 掌握设计特性

铺装设计要求铺装应具备创新精神，要能弱化铺装的单调感（图2-35～图2-37）。

### 1. 保护地面

铺装材料最基本的使用功能是保护地面免受直接破坏，防止土地受到冲蚀，提高地面承载力以承受车辆的滚压等（图2-38）。

### 2. 协调环境与建筑

铺装地面有协调统一设计的作用，能将复杂的建筑群与景观空间联系起来（图2-39）。

### 3. 提供休息空间

在道路的停滞点铺装，能形成园林景观中的交会空间，成为游览者停留、交谈的活动场所（图2-40）。

### 4. 引导游人方向

地面被铺成带状或某种线形时，便能起到指明前进方向的作用，满足游览者抄近道的需求，也是避免其穿越草坪而采取的相应措施（图2-41）。

### 5. 影响游人速度

铺装的形式、材质会影响到人行走的速度，铺装路面越宽，行走速度越慢，铺装路面越窄，行走速度越快（图2-42）。

图2-35 成图性

图2-36 时空性

图2-37 趣味性

图2-35：成图性指地面铺装的图案特性，它们具备艺术性，是创造良好铺装景观的基础。

图2-36：铺装的时空性表现在它能提供良好的视觉转换、视觉引导、视觉聚焦等功能，能使园林景观空间形成连续不断的画面。

图2-37：铺装通过点、线、面的有机组合形成多姿多彩的变化，能使空间富有趣味、耐人寻味。

图2-38 稳定的地面铺装

图2-39 围墙与地面铺装形状一致

图2-40 公园休憩空间铺装

图2-38：铺装相对稳定，不易变化，可以高频率使用，且不需要太多的维护，耐用性比较强。

图2-39：围墙的色彩、形状等与地面铺装的色彩、形状等相同或相近，能给人以整体统一的视觉效果。

图2-40：铺装能限定休憩空间的范围，设计时要注重人性化，铺装的形式与构图也都要与周边环境相契合。

图2-41 铺装引导方向

图2-41：特定的铺装地面能引导游览者穿越空间，踏上另一种不同材料的铺地，会给人进入不同空间的感觉。

图2-42 慢行的汀步石

图2-42：在设置汀步石时，条石之间的间距被设计成时宽时窄，这也使得游览者的步伐时快时慢，从而形成了紧张、松弛的行走节奏。

## 2.3 铺装技术要求与工艺

### 2.3.1 铺装技术要求

铺装设计要满足人体工程学要求，同时满足视觉审美要求。

1. 防滑

抛光石材不能满足室外地面防滑要求，只能作小面积铺装，为了增强地面铺装的防滑效果，可采用表面带有凸纹的材料进行铺装，或在石材表面凿毛或火烧毛处理，在普通材料上喷涂薄层防滑涂料（图2-43）。

2. 透水、透气性

透水性与透气性较差的路面容易干燥，扬尘污染严重，雨后水分也会快速蒸发，可采用透水混凝土、透水砖、嵌草式铺装提高地面的透水性（图2-44、图2-45）。

图2-43 地面防滑凹缝

图2-43：步行道铺装要注重防滑，可在设有坡道、踏步的地方，在垂直于人群行走方向上安装防滑条或打凿出很浅的防滑凹缝。

图2-44 透水混凝土路面

图2-44:透水混凝土路面使用有空隙结构的混凝土铺装,这种路面与地下土壤是连通的,因而地表水、气等能渗透下去。

图2-45 透水砖铺砌地面

图2-45:透水砖铺砌路面所选用的透水砖具有较好的透气、透水特性,砖内保留有大量的空隙,即使在下雨天也不会积水,同时雨水也可以渗入地下滋润土地,补充地下水。

### 3. 触觉质感

质感与铺装的光滑性、弹性关系密切。大面积广场宜铺装质感较粗糙的石材或砖,道路铺装则宜采用不同质感的铺装材料,以打破视觉单调感(图2-46)。

### 4. 弹性

弹性指物体受外力作用而发生形变,当去除外力后能使形变完全消失、恢复原状,铺装需要有一定弹性(图2-47)。

图2-46 卵石地面

图2-46:卵石不宜大面积应用,卵石铺装具有特殊的质感,能用于足底按摩,兼具装饰性与实用性。

图2-47 儿童游乐场所地面铺装

图2-47:彩色弹性橡胶地砖具有较好的弹性,色泽丰富,能够对儿童起到保护作用,可作为儿童游乐场地的铺装材料使用。

## 2.3.2 铺装工艺

地面铺装按照强度分类可以分为：高级铺装、简易铺装、轻型铺装三种（图2-48）。

地面铺装能使裸露的道路更具稳定性，地面在雨天也不会轻易产生泥泞，减少杂草生长，使地面更具美观性与简洁性，使园林景观道路更具导向性，同时也能与植被相互融合，进而营造出自然、柔和的园林景观氛围（图2-49）。

地面铺装按照材质分类有：砖块、砖石、混凝土、卵石、毂石、砂石、塑料、防腐木材、草皮、沥青等，不同材质有不同质感和性格。

**1. 砖块地面铺装**

砖块铺装形式多样，主要有放射状、工字形、风车状、人字形、竹篮编织状等几种（图2-50）。

（a）高级铺装

（b）简易铺装

（c）轻型铺装

图2-48 不同强度的地面铺装

图2-48（a）：高级铺装是指强度、刚度、稳定性、使用寿命、车辆行驶速度等适用于交通量大，且多重型车辆通行的地面。

图2-48（b）：简易铺装适用于交通量小，几乎无大型车辆通过的道路。

图2-48（c）：轻型铺装则可用于铺装机动车交通量小的园路、人行道、广场等的地面。

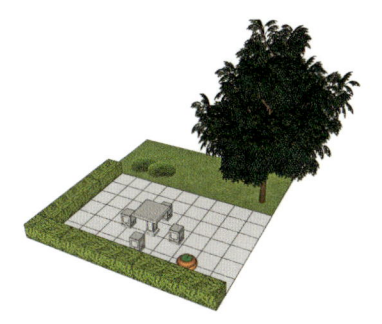
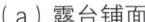
（a）露台铺面

（b）植被区铺面

（c）道路铺面

图2-49 基础地面铺装形式

图2-49（a）：露台铺面多选用砖块、石块等材料，铺设比较规则，铺面整体感比较强。

图2-49（b）：植被区铺面讲究乱中有序，植被的色彩不可胡乱搭配，要在视觉上有一定的平衡感。

图2-49（c）：道路铺面可自由铺设，也可规则铺设，具有动感的铺面具有一定的设计感，且能有效延伸路面。

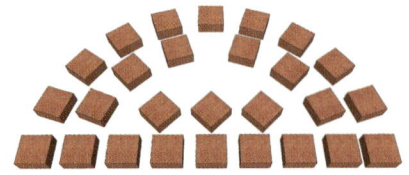
（a）放射状铺面

（b）扑克牌状铺面

（c）工字形铺面

（d）风车状铺面

（e）人字形铺面

（f）竹篮编织状铺面

图2-50 砖块铺装形式

图2-50（a）：放射状铺面艺术感比较强，所用砖块数量少，需要水泥砂浆来填补缝隙，施工时需保证放射面顶部的圆滑。

图2-50（b）：扑克牌状铺面排列整齐，横、纵方向上的砖块铺装时应保持横平竖直，缝隙宽度应一致。

图2-50（c）：工字形铺面错落有致，在视觉上能给人宽阔之感，注意砖块之间的缝隙宽度应一致。

图2-50（d）：风车状铺面具有比较强的审美效果，这种铺装方式是由几块砖块组成一个单元，连续铺装而成。

图2-50（e）：人字形铺面是将两块长条形的砖块顶端按照90°铺贴在一起，其中一块砖块的短边外侧紧贴着另一块砖块的长边边缘位置，整体形似"人"字，这种铺装方式流动感比较强，适合在现代园林景观中使用。

图2-50（f）：竹篮编织状铺面是根据竹篮编织脉络将四块长条形砖块铺贴在一起，在变化中又有统一，统一中又有变化，这种铺装方式同样适用于现代园林景观。

### 2. 砖石地面铺装

砖石地面铺装多选用高密度仿古砖、通体砖、天然石材、人造混凝土砖等，铺贴规格较大。下面主要介绍地面砖石的铺装施工工艺。

（1）施工步骤。具体步骤如下：清理地面基层→配制1:2.5水泥砂浆待用→铺贴墙面洒水→放线定位→精确测量地面转角与开门出入口尺寸→裁切砖石→预铺设砖石并依次标号→地面铺设较干的水泥砂浆→砖石背面涂抹较湿的水泥砂浆→将砖石铺贴至地面→橡皮锤敲击压固→素水泥或专用填缝剂填补缝隙→干净抹布擦拭砖石表面水泥→养护待干（图2-51）。

（2）施工要点。砖石铺设前必须进行挑选，选出尺寸误差大的砖石单独处理或分区域处理，选出有缺角或损坏的砖可重新切割后用来镶边或镶角，有色差的砖石可以分区使用。砖石铺贴前应先仔细测量，再通过计算机绘制铺设方案。砖石铺贴的平整度需用1m以上的水平尺检查，相邻砖石高度误差应≤1mm，施工过程中要随时检查。在砖石的铺贴过程中需注意，砖石的空鼓现象应控制在1%以内，如果在主要通道上发现有空鼓现象，则必须返工（图2-52）。

（3）地面砖石多种颜色组合。釉面颜色不同的砖石可以随机组合铺装，地面采用45°斜铺与

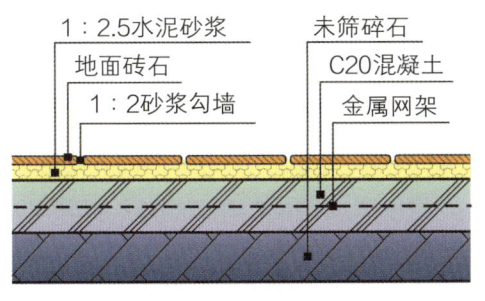 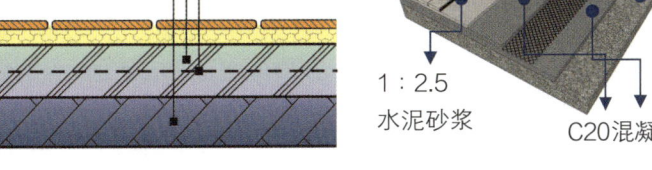 

（a）砖石地面铺装示意图　　（b）砖石地面铺装立体图　　（c）实景图

图2-51　砖石地面铺装构造

图2-51：砖石地面铺装的质量关键在于基层处理，在施工前，应当整平地面凹凸部位，尤其是墙角不平整部位；地面整平后还需刷1遍素水泥浆或直接洒水，注意不能积水，当地面高差超过20mm时，还需用1：3水泥砂浆找平。

（a）摊铺水泥砂浆　　（b）砖石铺贴缝隙　　（c）橡皮锤敲击砖石表面

图2-52　砖石地面铺装施工细节

图2-52（a）：应使用1：2.5水泥砂浆摊铺在地面，砂浆应是干性，手捏成团稍出浆即可，粘贴接层厚度应≥12mm，灰浆应饱满，不能出现空鼓现象。

图2-52（b）：砖石铺贴之前要在横竖方向上拉十字线，铺贴时横、竖缝必须对齐，砖石缝宽宜为1mm，不能＞2mm；花坛、水池底边等处的交接一定要严密，缝隙应均匀，砖石边与墙交接处缝隙应＜5mm。

图2-52（c）：砖石铺设铺贴完毕后需采用橡皮锤敲击石材表面与四角，应使所有砖石表面处于平齐状态。

垂直铺贴相结合，这也会使地面线条更丰富，空间的立体感更强（图2-53）。

### 3. 混凝土地面铺装

混凝土地面造价低、施工性能好，常用于铺装园路、车辆停放场地，这种地面除了常规的铁抹子抹平、木抹子抹平、刷子拉毛外，还可采用水洗石饰面与铺石着色饰面，为了避免单调，在铺装过程中还可适当设置勾缝来增添地面变化（图2-54）。

### 4. 卵石地面铺装

卵石地面主要分为水洗小砾石地面与卵石嵌砌地面这两种铺装形式。

（1）水洗小砾石地面铺装。水洗小砾石地面铺装是一种利用小砾石色彩与混凝土光滑特性的地面铺装，除园林景观道路外，还多用于人工溪流、水池的底部铺装。浇筑预制混凝土后，应待混凝土凝固24～48h，在其上摊铺水泥砂浆，再在其上铺装小砾石用刷子将其表面刷光，再用水冲刷，直至

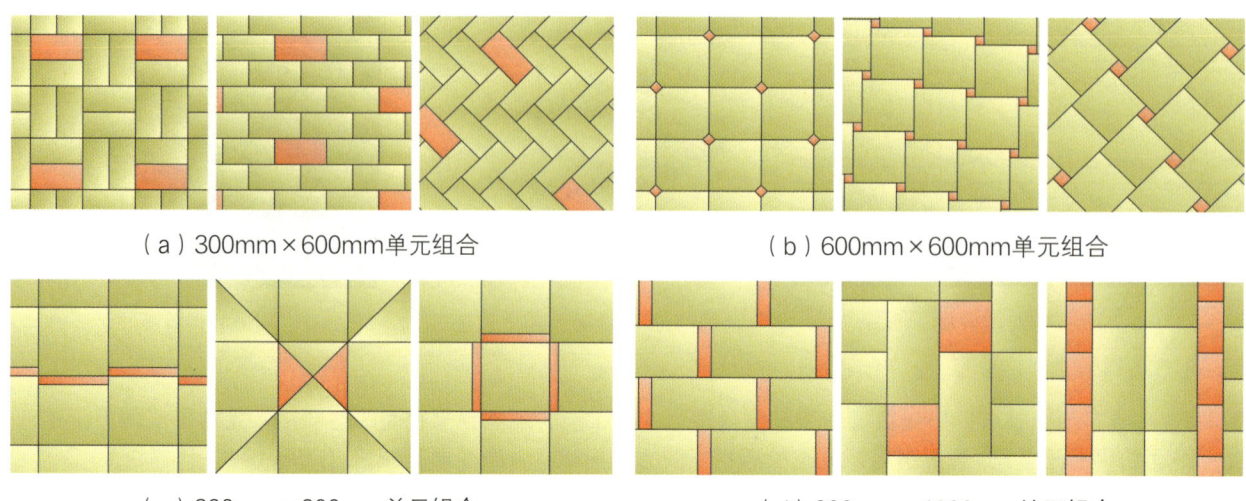

(a) 300mm×600mm单元组合

(b) 600mm×600mm单元组合

(c) 800mm×800mm单元组合

(d) 600mm×1200mm单元组合

图2-53 砖石地面铺装参考图样

图2-53：砖石地面铺装形式多样，绿色砖块为标准尺寸，即下方标注的单元组合尺度，红色砖块可采用其他颜色穿插，进一步丰富铺装效果。

图2-54：混凝土地面铺装时应增加金属网架来提高整体地面的强度，这种地面铺装形式适用于园林景观娱乐、休闲区域。

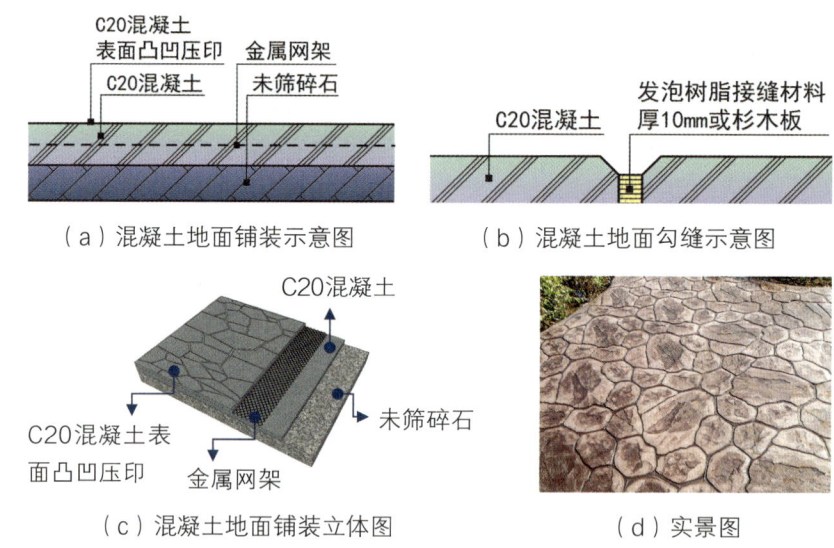

(a) 混凝土地面铺装示意图

(b) 混凝土地面勾缝示意图

(c) 混凝土地面铺装立体图

(d) 实景图

图2-54 混凝土地面铺装

砾石均匀露明，注意混凝土层的厚度宜为100mm（图2-55）。

（2）卵石嵌砌地面铺装。卵石嵌砌地面是在混凝土层上摊铺厚20mm以上的1∶2.5水泥砂浆，然后再平整嵌砌卵石，最后用刷子将水泥砂浆整平，这种地面经济又实用，适用于现代园林景观（图2-56）。

5. 毛石地面铺装

毛石地面常用天然石料为花岗岩、石英岩等，在可能出现冻害的区域，多使用石灰岩、砂岩等材料，这种地面能够营造出有质感、沉稳的氛围，常用于大面积园林景观地面铺装。

毛石地面铺装主要是在混凝土垫层上铺砌厚15～40mm的天然石材，通过利用天然石材的不同

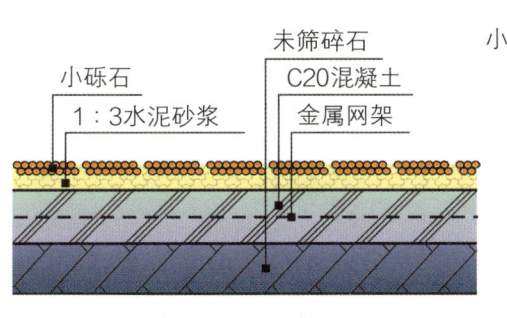
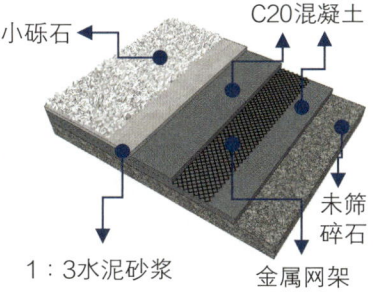

（a）水洗小砾石地面铺装示意图　　（b）水洗小砾石地面铺装立体图　　（c）实景图

图2-55　水洗小砾石地面铺装

图2-55：小砾石与砂浆的结合度要高，应避免无端脱离，这种地面铺装具有一定的弹性，且能很好地抑制杂草生长，适用于园林景观地面铺装。

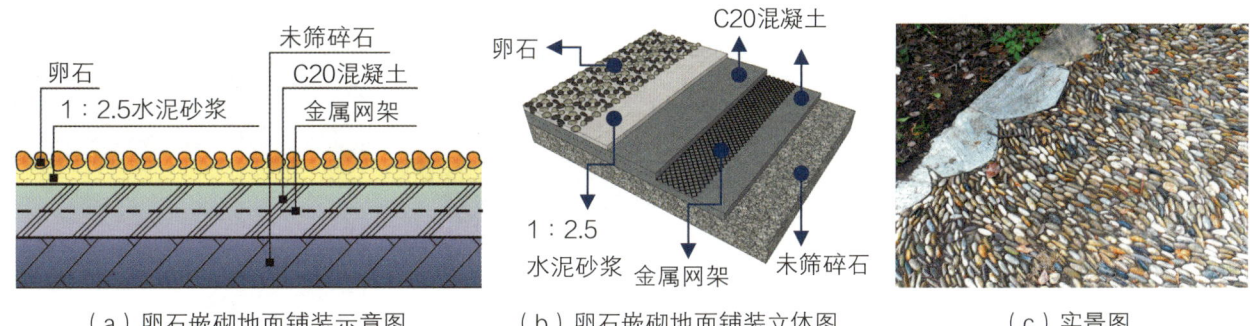

（a）卵石嵌砌地面铺装示意图　　（b）卵石嵌砌地面铺装立体图　　（c）实景图

图2-56　卵石嵌砌地面铺装

图2-56：卵石镶嵌应当紧密，以不露出砂浆为宜，且卵石应当竖向插入混凝土砂浆中，以增强卵石与混凝土砂浆之间连接的紧密性。

品质、颜色、石料饰面与铺砌方法，组合出多种地面铺装形式，如方形铺砌、不规则铺砌等。方形铺砌的接缝间距宜为6～12mm；铁平石等不规则铺砌的接缝间距宜为10mm左右；观光地的石英岩、石灰岩不规则铺砌地面，接缝间距宜为10～20mm。

毁石地面铺装完毕后，还需进行打磨、防滑处理等，精磨饰面因其雨后防滑性差，基本不用于人行道路面，如果使用精磨饰面铺装人行道路，则应提高表面的平整度，增加接缝数量与接缝宽度（图2-57）。

### 6. 砂石地面铺装

砂石地面多采用粒径3mm以下的石灰岩粉铺成，在视觉上有一定的粗糙感，但在园林景观中仍能起到独特的装饰作用，这种地面弹性好、透水性好，耐磨，且能有效防止土壤流失，是一种柔性铺装（图2-58）。

### 7. 塑料地面铺装

塑料地面审美效果较好，且比较时尚，主要可分为环氧沥青塑料地面与弹性橡胶地面。

（1）环氧沥青塑料地面铺装。将天然砂石等填充料与特殊的环氧树脂混合后作面层，浇筑在沥青路面或混凝土地面上，然后抹光至10mm厚，这是一种平滑且兼具天然石纹色调的地面，多用于园林景观、广场、池畔等路面铺装（图2-59）。

（2）弹性橡胶地面铺装。利用特殊的黏结剂

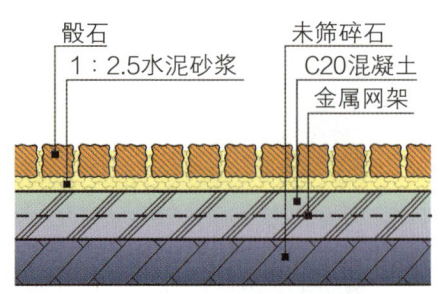
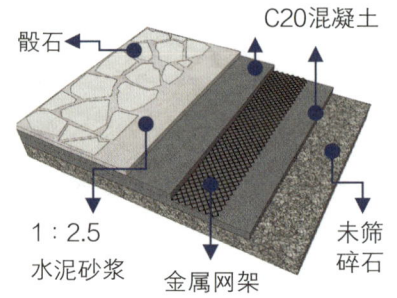

（a）骰石地面铺装示意图　　（b）骰石地面铺装立体图　　（c）实景图

图2-57　骰石地面铺装

图2-57：骰石铺地所选用的石材规格不一，如果是花岗岩，则可按设计图纸挑选石料，石料的厚度多为25mm，板岩、石英岩用于铺砌地面多为方形，石料的平面规格为300mm×300mm，或300mm×600mm，厚度多为25~60mm。

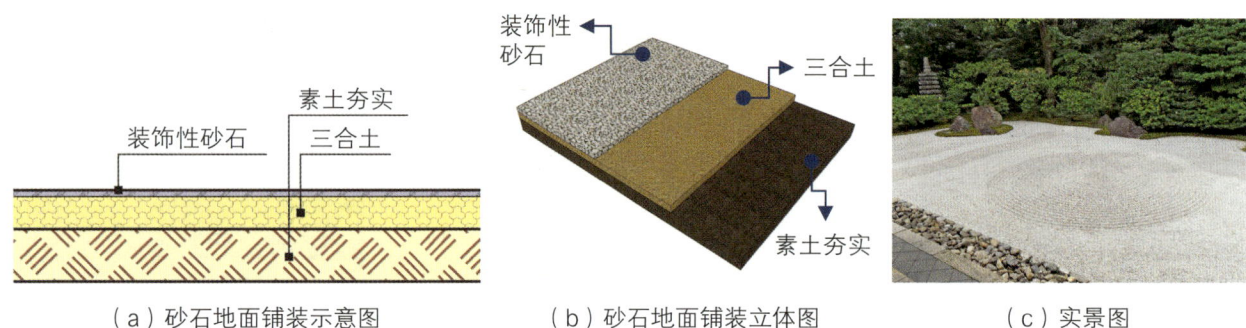

（a）砂石地面铺装示意图　　（b）砂石地面铺装立体图　　（c）实景图

图2-58　砂石地面铺装

图2-58：砂石地面不适合行走，仅适合装饰，多用于日式园林景观或现代园林景观地面的局部铺筑，又由于雨水会造成石灰岩土的流失，因而坡度较大的坡道，其地面不适合采用这种材料铺装。

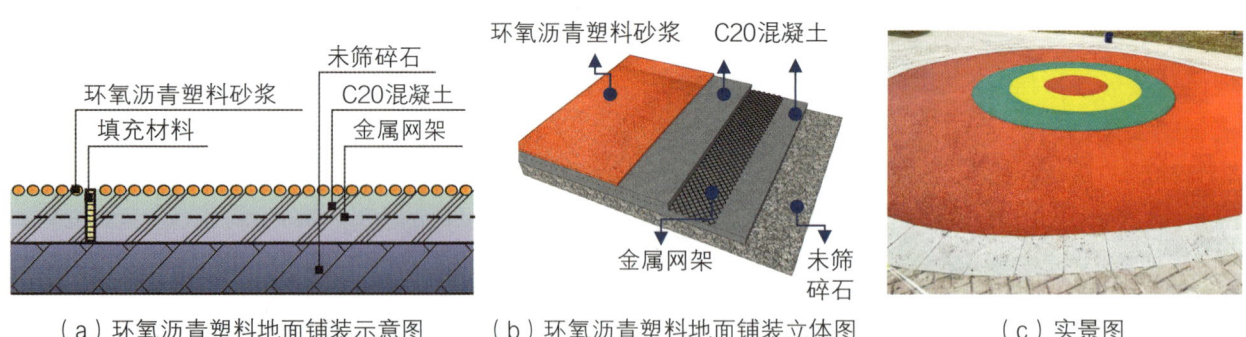

（a）环氧沥青塑料地面铺装示意图　　（b）环氧沥青塑料地面铺装立体图　　（c）实景图

图2-59　环氧沥青塑料地面铺装

图2-59：环氧沥青塑料地面的基层构造仍以混凝土为主，施工时应提前预留好缩胀缝，这种地面表面色彩丰富，适用于面积较小的园林景观。

将橡胶地垫粘接在基础材料上，制成橡胶地板，再铺设在沥青地面或混凝土地面上，这种地面常用于园林景观中的娱乐设施区域，地面铺装厚度多为15mm或25mm（图2-60）。

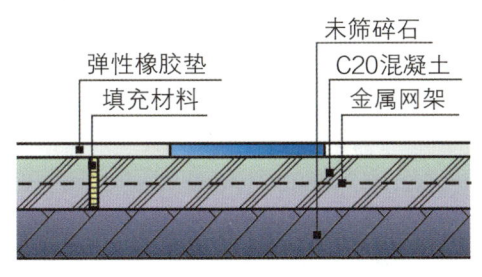
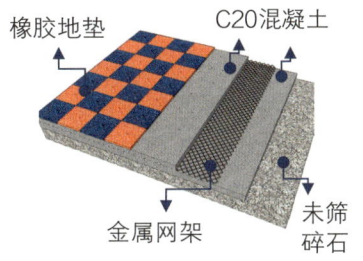

（a）弹性橡胶地面铺装示意图　　（b）弹性橡胶地面铺装立体图　　（c）实景图

图2-60　弹性橡胶地面铺装

图2-60：弹性橡胶地面施工时需注意，橡胶地板拼接时应当紧密无缝，且铺装完成后需做好保护措施，地面上不宜放置过重的物体。

### 8. 防腐木材地面铺装

园林景观防腐木材地面铺装所选用材料的尺寸、形状等不宜有过多的变化，在浸渍防腐液体后所做的任何加工，如钻孔、精刨、削切等都可能使板材使用寿命缩短，因此宜选择价格便宜，厚度为20～28mm，宽度为80～180mm的板材作为铺装原料。

园林景观防腐木材地面铺装施工时需注意，龙骨间距宜为500mm，这也是为了保证地板的正常使用与安全系数。通常可选用可见螺丝钉钉接、不可见螺丝钉钉接、地板模块拼接等3种安装方式来铺装防腐木材地板。

（1）可见螺丝钉钉接。在整平的混凝土构造上，采用膨胀螺栓固定角钢，再用螺钉将木龙骨固定至角钢上，最后再将木地板用防水螺丝固定在龙骨上（图2-61）。

（2）不可见螺丝钉钉接。在整平的水泥地面上预先埋好龙骨，然后将木地板的面层朝下，在预埋龙骨相应位置两侧分别固定两根龙骨，这时螺丝钉是从龙骨向地板背后固定；最后再将板面翻转与水泥地面的龙骨相嵌合即可，这种安装方式螺丝钉是看不见的。

（3）地板模块拼接。将地板制作成500mm×500mm或其他规格的模块，整平地面；然后直接将模块铺设在地面上；最后加固整理即可。

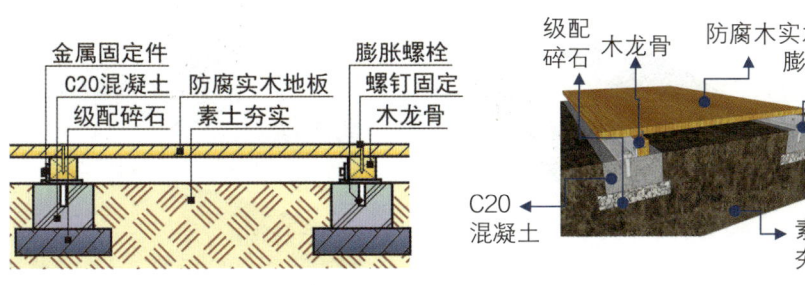

（a）防腐木地面铺装示意图　　（b）防腐木地面铺装立体图　　（c）实景图

图2-61　防腐木地面铺装

图2-61：防腐木的龙骨必须固定在混凝土基础上，不可固定在砂土或土壤中，安装时应随时采用铁锤校正平直度，固定螺钉也应采用电钻加固，混凝土基础可伸出地面，但高度应≤800mm，间距宜为800mm。

### 9. 草皮地面铺装

草皮地面指的是透水性草皮地面，主要包括草皮保护垫地面与草皮砌块地面，这种地面可以与其他硬质铺装材料形成鲜明的对比，具有柔化环境的作用。

（1）草皮保护垫地面铺装。将一种由高密度聚乙烯制成，具备较强耐压性与耐候性，用于保护草皮生长、发育的开孔垫网有序地铺设在地面上，从而获得一个具备舒适脚感与视觉统一性的地面。

（2）草皮砌块地面铺装。在混凝土预制块或砖砌块的孔穴或接缝中栽培草皮，使草皮免受人、车踏压，这种铺装方式多用于园林景观中的停车位等场所（图2-62）。

### 10. 沥青地面铺装

沥青地面成本低、施工简单、平整度高，常用于步行道、停车位、园林景观等的地面铺装，这里所说的沥青地面包括透水性沥青地面与彩色沥青地面。

（1）透水性沥青地面铺装。采用透水性沥青混凝土制成，如果路基透水性差，则铺设时可在基底层下铺设一层砂土过滤层，厚度宜为50～100mm，又由于这种地面可能会被雨水直接浸透，造成路基软化，因此现在只用于人行道、停车场、园林景观内部道路的铺装（图2-63）。

（2）彩色沥青地面铺装。抗压强度高，装饰效果好，其施工步骤与透水性沥青地面基本一致，这种地面分为两种，一种是加色沥青地面，厚度约20mm；一种是加涂沥青混凝土液化面层材料的覆盖式地面，常用于田园风格的园林景观中（图2-64）。

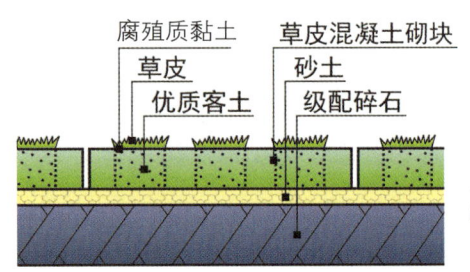 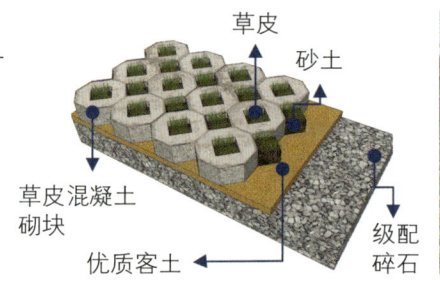 

（a）草皮混凝土砌块地面铺装示意图　（b）草皮混凝土砌块地面铺装立体图　（c）实景图

图2-62　草皮混凝土砌块地面铺装

图2-62：混凝土砌块下方应配置砂土，以便杂草能够更好地生长，混凝土砌块之间的间距应保持一致。

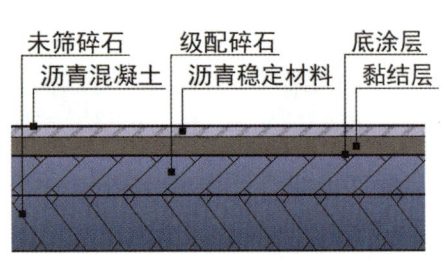 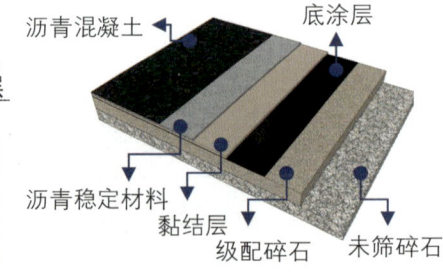 

（a）透水性沥青地面铺装示意图　（b）透水性沥青地面铺装立体图　（c）实景图

图2-63　透水性沥青地面铺装

图2-63：透水性沥青地面在使用数年后多会出现透水孔堵塞，道路透水性能下降等问题，为了确保透水性，对此类地面应经常进行冲洗养护。

第 2 章
园林景观铺装设计

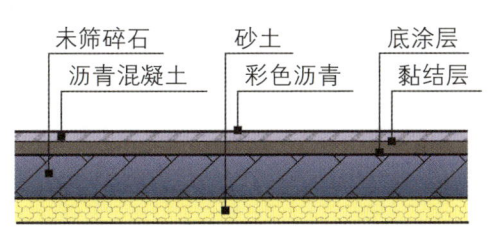

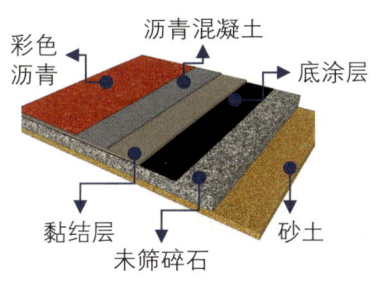

（a）彩色沥青地面铺装示意图　　（b）彩色沥青地面铺装立体图　　（c）实景图

图2-64　彩色沥青地面铺装

图2-64：彩色沥青地面对基层的强度要求不高，但施工时仍需分两层铺设，一层为底涂层，一层为黏结层，这种地面承重性较好，可通行车辆，同时地面表面色彩与纹理，也能有效丰富园林景观。

综上所述，园林景观中的地面铺装材料种类多样，各有优缺点，在设计中需综合考虑多方面因素，进行合理选用（表2-2）。

表2-2　铺装地面优缺点对比

| 铺装类型 | 图例 | 优点 | 缺点 |
| --- | --- | --- | --- |
| 砖石地面 |  | 防眩光表面，路面防滑性较好，颜色可选范围广，尺度适中，容易维修 | 铺筑成本高，清洁困难，冰冻天气会发生碎裂，易受不均衡沉降影响，容易风化 |
| 混凝土地面 |  | 铺筑容易，有多种颜色、质地，表面耐久性强，使用期间维护成本低，表面坚硬，无弹性，可做成曲线形式 | 需要有接缝，有的表面并不美观，铺筑不当会分解，难以使颜色一致，弹性低，抗张拉强度相对较低，铺面易碎 |
| 卵石地面 |  | 铺装成本低，具有自然气息，能与其他地面材料相搭配，质感突出 | 表面比较光滑，铺装施工复杂，铺装后容易脱落 |
| 料石地面 |  | 坚硬且密实，在极易风化的天气条件下仍具备较好的耐久性，能承受重压，能够抛光成坚硬光洁表面，且易于清洁 | 坚硬致密，难以切割，有些类型易受化学腐蚀，价格相对较贵 |

续表

| 铺装类型 | 图例 | 优点 | 缺点 |
| --- | --- | --- | --- |
| 砂石地面 |  | 是较经济的表面材料,颜色可选范围广 | 根据使用情况每隔几年要进行补充,可能会有杂草生长,需要加边条 |
| 塑料地面 |  | 色彩鲜艳,层次丰富,能改善环境气氛,行走安静、舒适 | 只适用于轻载地面,不耐磨,容易褪色,制作成本高 |
| 防腐木材地面 |  | 自然亲和,富有弹性 | 造价高,难保养 |
| 草皮砌块地面 |  | 与草坪表面相似,雨后能更快使用而无积水,场地表面平坦,没有浇水或养护的问题 | 容易造成运动者受伤,比天然草地铺筑成本高 |
| 沥青地面 |  | 热辐射低,光反射弱,耐久,维护成本低,表面不吸尘,弹性随混合比例而变化,表面不吸水,可做成曲线形式 | 边缘如无支撑则易磨损,气温升高会软化,汽油、煤油或其他石油溶剂会将其溶解,如果水渗透到底层,则易受冻涨损害 |

## 2.4 园林景观铺装案例解析

### 2.4.1 法国肖松公园铺装

法国肖松公园占地面积达6.5万平方米,该公园建在社区居住核心地带,日常人流量较大,公园包含大型的儿童游乐区与花园,既是居民活动的散步空间,也是集会交流的场所(图2-65~图2-68)。

# 第2章
## 园林景观铺装设计

图2-65 肖松公园平面图

图2-66 肖松公园鸟瞰图

图2-65：肖松公园位于法兰西岛上的绿色轴线附近，物种高度缺失，该项工程旨在通过建设一个自然性的社区公园，提升物种的多样性。

图2-66：鸟瞰整个公园，地面铺装形式多样，由不规则的几何形体组成步道和平台，形成自由多样的变化。

图2-67（a）：儿童乐园采用弹性橡胶铺装，保证儿童玩耍时的安全，鲜亮多彩的颜色与起伏的地形也在无形中增添了儿童乐园的趣味。

图2-67（b）：无论是铺装材料还是色彩对比，儿童乐园的整体区域都显示出一种活泼、自由的氛围。

图2-67（c）：儿童乐园区为彩色沥青地面，弹性较好，能有效保护儿童的安全，同时地面色彩的亮度、纯度等都十分合适。

（a）儿童乐园鸟瞰图

（b）缤纷多彩的颜色

（c）起伏的地面

图2-67 肖松公园儿童乐园区实景图

（a）散步区鸟瞰图　　　　　（b）混凝土石板铺装　　　　　（c）休息座椅

图2-68　肖松公园散步区实景图

图2-68（a）：公园的铺装使用了不规则的混凝土石板与绿植，使得整个空间拥有了一种活力与生命力，像是受到了儿童乐园的感染一般，不呆板，也不枯燥。

图2-68（b）：预制混凝土石板铺装后保持绝对平整，多块石板之间的高差为零，形成平整的行走界面，通过丰富的外形拼装来表现艺术美感。

图2-68（c）：散步区的休息座椅采用几何造型，为典型的简约风格，满足大多数人的视觉审美需求。

### 2.4.2　苏州园林铺装

铺装作为苏州古典园林中的重要元素，表现形式多种多样，主要通过色彩、形状、质感、尺度四个要素的组合来表现。

#### 1. 色彩

苏州古典园林的铺装作为空间的背景，除特殊情况外，很少成为主景，其色彩常以中性色为基调，如果色彩过于鲜艳，则可能喧宾夺主，甚至造成园林景观出现杂乱无序的景象（图2-69）。

（a）怡园地面铺装　　　　　　　　　　　（b）拙政园地面铺装

图2-69　铺装色彩

图2-69（a）：怡园的铺装色彩具有鲜明个性。各个古典园林空间的气氛随铺装色彩不同而变化，暖色调热烈、兴奋，冷色调优雅、明快，明朗的色调使人轻松愉快，灰暗的色调则更为沉稳宁静。

图2-69（b）：拙政园地面铺装为冷色调，形式比较庄重，与该园的历史背景相关。

## 2. 形状

苏州古典园林铺装分散布置跳跃的点状图案，给空间带来活力。形状、大小相同的四边形反复出现，显示出有条理的韵律感。同心圆与放射线组成的古典图案，在产生韵律感的同时，具备极大的向心性（图2-70～图2-72）。

## 3. 质感

利用不同质感的材料组合，所产生的对比效果会使铺装显得更生动、活泼，利用质感不同的材料铺地，在变化中求得统一，能达到和谐一致的铺装效果（图2-73）。

## 4. 尺度

大面积铺装应使用大尺度图案，能表现统一的整体效果，图案尺寸太小，铺装会显得琐碎，铺装材料尺寸也影响到使用。大尺寸花岗岩、抛光砖等板材适用于大空间，中、小尺寸的地砖适用于中、小型空间（图2-74）。

## 5. 铺装艺术表现方法

苏州园林铺装设计通过景题联想的方式表现，灵活运用特定符号，将园林景观的意境与主题表现出来，并根据特定的环境要求塑造出符合空间气氛的铺装（图2-75）。

## 6. 铺装的作用

铺装能增强苏州古典园林的实用功能与审美功能（图2-76）。铺装能保护园林地面不直接受到破坏，使其能经得起长期的磨损侵蚀。铺装能增强空间个性，作为背景对景物形成衬托。

图2-70　方形铺装

图2-71　三角形零碎铺装

图2-72　有序组合铺装

图2-70：方形整齐、规矩，具有较强的安定感，方格状的铺装能产生静止感，暗示静态停留空间的存在。

图2-71：三角形零碎、尖锐，具有较强的活泼感，将三角形进行有规律的组合，也可形成具有动势、有指向性的图案，这种形式的铺装功能性会更强。

图2-72：在苏州古典园林铺装的应用中，通过点、线、面的组合来达到实际需要的效果，有规律排列的点、线、面等可产生强烈的节奏感与韵律感，并能给人有条理的感觉。

图2-73　铺装质感

图2-73：自然面的石板经过粗磨后能形成粗糙的表面，再经过裁切、拼接铺装，既能表现出原始的粗犷质感，又能满足通行的平整度要求。

图2-74：不同规格的材料组合铺装，原木、石板、砾石相互组合，所形成的肌理效果或拼缝图案，会更有趣味。

图2-74　混合材质铺装

图2-75（a）：铺装的纹样、比例等应与环境氛围相协调，利用彩绘砖、浮雕、线刻等方法将历史事件、风俗民情、神话传说、特色建筑、自然景观等内容表现在单体铺装块上，强化设计主题与空间氛围。

图2-75（b）：地面铺装与园林的空间功能紧密关联，此处为园林的过渡空间，地面卵石铺装平整，与石拱桥拼接相连，形成丰富的视觉效果。

（a）与主题山石相融　　　　（b）与空间功能相融

图2-75　与景相融的铺装

图2-76（a）：广场铺装能完善、限定园林空间，在实用与美学功能上，起到了尤为重要的作用。

图2-76（b）：院落地面铺装搭配绿植与山石，在一定程度上定义了空间。

（a）广场地面铺装　　　　（b）院落地面铺装

图2-76　兼具实用性与美观性的铺装

## 本章小结

目前我国的铺装还存在很多不足之处，铺装材料与铺装工艺还有待进步，在设计的过程中，应广泛收集使用者的意见，在满足使用者需求的前提下，灵活运用铺装的设计要素，创造出更具艺术美的地面景观，使铺装能够与园林景观形成一个整体。

**课后练习**

1. 简述铺装的概念、功能。
2. 简述铺装的设计原则。
3. 举例说明铺装设计要素的具体特征。
4. 铺装设计有什么特性？
5. 综合叙述园林景观铺装的基本技术要求。
6. 不同铺装地面有何区别？
7. 结合实践，谈谈你对园林景观铺装的未来发展看法，并收集相关案例，撰写学习心得。
8. 考察一处中式古典风格园林景观，归纳古典中式地面铺装设计元素，将铺装材料与铺装样式汇总整理成表格。

# 第3章 园林景观小品设计

识读难度：★★☆☆☆
重点概念：作用、原则、分类、造型

> **章节导读**
>
> 园林中的景观小品属于公共艺术品，它涉及园林道路、建筑、广场等环境因素。设计时应当结合周边自然环境与人文环境，使塑造的景观小品更具地域特色与文化内涵。本章讲解景观小品的概念、作用、原则、分类等知识点，带领读者认识多元化的景观小品。

## 3.1 景观小品基础

### 3.1.1 景观小品概念

景观小品是布置在室外空间中的各种元素与设施，用于点缀装饰空间，能丰富园林景观文化内涵（图3-1）。

### 3.1.2 景观小品功能

景观小品能够美化园林环境，同时具有一定实用价值。例如，信息类设施小品能标示不同区域，生活类设施小品能满足使用者的不同需求，休闲类设施小品能让使用者放松身心，使其有轻松、舒适之感等（图3-2～图3-4）。

（a）绿化小品　　　　　　　　　（b）景观照明小品　　　　　　　　（c）雕塑小品

图3-1　景观小品

图3-1（a）：绿化小品是对绿化植物进行重组、修饰，形成全新的绿植造型，让绿植与雕塑相融合的景观设计作品。

图3-1（b）：将灯光融合到小品中，能丰富小品的观赏价值，延长小品的观赏时效，从白天一直延续到晚上。

图3-1（c）：雕塑小品强调形态的特异性与技术性，将复杂、多变的造型融入小品，附带强烈艺术审美与创新感。

图3-2　美化环境的景观小品　　　　图3-3　标示区域的景观小品　　　　图3-4　实用的景观小品

图3-2：景观小品的艺术特性与审美效果，既加强了景观环境的艺术氛围，同时也创造了美的环境。

图3-3：具有标示性的设施与小品能有效提高区域的识别性，这些标示信息也能为游览者指引方向。

图3-4：景观小品的主要目的是为游览者提供景观活动中所需的生理、心理等方面的服务，如休息、照明、观赏、交通等需求。

## 3.1.3　景观小品构成要素

景观小品是景观中的点睛之笔，一般体量较小，对空间起到点缀作用。景观小品的设计要素是造型、色彩、材料。

### 1. 造型

造型指的是景观小品的外在形态，主要有点、线、面、体等几种表现形式。

（1）点形态。景观小品通过改变点的颜色、排列方向、数量等形成活跃的视觉效果，给人与众不同的感受（图3-5）。

（2）线形态。景观小品通过线的长短、粗细、形状、方向、疏密、肌理、线型组合来塑造线的形象（图3-6）。

（3）面形态。景观小品通过面的个性特征，表现出不同的情感与寓意（图3-7）。

图3-5 点形态的应用

图3-6 线形态的应用

图3-7 面形态的应用

图3-5：在景观小品的形态构成中，点主要表现为范围或中心，如一条线的两端、两条线的交点、面或体角部线条的相交处等。

图3-6：直线通过组合形成自由曲线的形态，线条运用不当则会造成视觉环境的混乱，给人矫揉造作之感。

图3-7：面的形式有平面与曲面两种，平面在环境中具有延展、平和的特性，曲面则能表现出流动、热情、不安、自由。

（4）体形态。景观小品通过体能充分表现出其重量感与力度感，体与点、线、面等组合可构成新的形体空间（图3-8）。

2. 色彩

色彩有丰富的情感表现力，有较强的活跃性与冲击性，有冷暖、浓淡之分，景观小品的色彩设计，不仅能够增强景观空间的艺术表现力，同时也能很好地凸显小品的个性（图3-9）。

3. 材料

不同质感与肌理材料能给予人不同的心理感受，砖、木、竹等材料可以表达自然、古朴感；玻璃、钢、铝板可以表达科技感；裸露的混凝土可以表达粗犷、质朴感（图3-10）。

图3-8 体形态的应用

图3-9 色彩适当的景观小品

图3-10 金属材质的景观小品

图3-8：体的方向性能赋予景观小品多种表情，随着景观小品角度的变化，体也会呈现出不同形态，给予人的视觉感受也会有所不同。

图3-9：色彩有冷暖、浓淡之分，景观小品色彩与所处的环境，色彩与景观小品所表达的主题要能很好地协调在一起。

图3-10：金属材质的景观小品耐久性较好，且不缺乏艺术性，景观小品需要长时间置于室外，务必能经受风吹雨打、严寒酷暑。

## 3.1.4 景观小品设计原则

**1. 与环境有机结合**

景观小品设计时不仅需要具备较高的审美价值，还要能与周边环境相协调（图3-11）。

**2. 实现艺术与文化的结合**

景观小品在设计时需要不断升华、提炼地域文化内涵，并能将其所反映的文化特色应用到景观小品造型设计中去（图3-12）。

**3. 满足公众行为与心理需求**

景观小品的设计要考虑到不同年龄人的行为心理特点，特别要考虑到老人、残疾人对景观小品的需要，落实座椅尺度、专用人行道、坡道、盲文标识、专用公厕等细部设计，使园林景观成为名副其实的休闲场所（图3-13）。

**4. 满足功能与技术层面需求**

景观小品设计要考虑功能性要求，且景观小品应当能便于管理、清洁，还要注意防水、防锈蚀、防霉，便于维修（图3-14）。

图3-11 风格统一

图3-11：座椅原本是常见的户外家具，经过简约化造型处理后转变成小品组合，座椅风格造型与周边环境相融合，形成现代简约的整体造型。

图3-12 兼具艺术性与文化性

图3-12：景观小品要起到美化环境的作用，景观小品本身的造型、质地、色彩、肌理等要能体现出一定文化内涵。

图3-13 以人为本的景观小品

图3-13：景观小品设计应当从人的行为、习惯出发，采用塑木制作弧形花坛坐凳，将园林景观中常见家具打造成一件景观小品。

图3-14 功能性景观小品

图3-14：水泥砂浆铸模成型的坐凳，经过涂料修饰后，具有强烈的仿真视觉效果，满足休息使用与简易维护双重功能需求。

## 3.2 构筑类景观小品

### 3.2.1 大门、入口造型

大门、入口的功能是限定和引导人的出入，属于开场通透、独立的构筑实体。大门、入口的形式十分丰富（图3-15～图3-17）。

大门、入口的宽度应由功能需要来确定，单股人流宽度宜为0.6～0.65m，提供1～3股人流通行即可。大出入口还需提供车流进出，其宽度应以车流所需宽度为主要依据，设计需考虑出入两股车流并行的宽度。

### 3.2.2 围合构造

围合构造包括围墙、景墙与围栏，主要起到防护、包围、装饰、导游、衬景、丰富景观等作用。

1. 围墙、景墙

围墙、景墙主要可细分为混凝土墙、预制混凝土砌块墙、花砖墙、砖墙、石面墙等几种，设计时注意线条、质感、色彩、虚实等因素对围墙、景墙视觉效果的影响（图3-18～图3-22）。

2. 围栏

围栏具有明确边界的作用，能以优美的形态衬托环境，增强气氛与静态表现力（图3-23、图3-24）。

图3-15 山石构成入口

图3-15：利用原山石或模拟自然山石构成入口的设计手法需要借助地形特征来完成，该设计方式顺应自然，能有效减少浪费。

图3-16 小品建筑构成入口

图3-16：利用小品建筑构成入口多见于历史人文风景区，采用山门、牌坊等小品建筑构成入口，与古建筑群相互呼应，融为一体。

图3-17 多种元素构成入口

图3-17：亭、台、廊结合自然山石、古木等构成入口，具有布局紧凑、主次有序的景观效果，能体现人文历史的文化内涵。

图3-18 混凝土墙

图3-19 预制混凝土砌块墙

图3-20 花砖墙

图3-18：混凝土墙可作多种处理，如灰浆抹光、细剁斧处理等，可使混凝土墙产生不同的视觉效果。

图3-19：预制混凝土砌块墙所使用的材料除混凝土外，还有各种混凝土砌块，墙体围合构造施工成本较低，但耐用性不错。

图3-20：花砖墙是在墙体局部用砖、瓦等砌成各种花样。

图3-21 砖墙

图3-22 石面墙

图3-21：当墙体设计高度较高时，通常用混凝土作基础墙，表面铺贴薄砖装饰。

图3-22：石面墙是以混凝土作基础，表面铺以花岗岩、毛石、青石等石料，石料表面能赋予该围合构造独特的魅力。

图3-23 石望柱栏杆

图3-24 风景区围栏

图3-23：石望柱栏杆拥有厚重的体量，粗壮的构件，整体构成比较稳重，能塑造一种端庄的气氛。

图3-24：风景区围栏常采用自然本色材料，造型上力求简洁、朴素，与自然环境融为一体。

### 3.2.3 亭台和廊架

#### 1. 亭

亭四面通透，多数为斜屋面，结构简单，造型别致。景观亭多位于道路、节点中的重要部位（图3-25～图3-30）。

亭建成后要与周边环境相协调，且能起到画龙点睛的作用。造型亭的设计形式、尺寸、主题等也应与所在公园、景观相匹配。亭的体量大小要因地制宜，并采用适宜的结构。

#### 2. 廊

廊的主要作用在于联系建筑、组织行人的路线，设计独特的廊还能使空间层次更加丰富。

（1）廊的类型。根据横剖面形式，可将廊分为双面空廊、单面空廊、单支柱廊、双层廊、暖廊、复廊等（图3-31～图3-33）。

图3-25 新中式亭

图3-26 仿生亭

图3-27 生态亭

图3-25：新中式亭在比例与形式上以传统亭为模板，在结构上进行了简化，在材料与细部设计上进行了创新。

图3-26：仿生亭造型独具特色，是模拟自然界生物的形体及内部组织特征而建造的亭，这种仿生建筑能引起游览者对自然和生命的思考。

图3-27：生态亭是根据所处环境，采用对生态环境没有破坏的技术与材料建造的亭，其材料可循环利用或可再生，亭的形象也具有现代感。

图3-28 解构组合亭

图3-29 新材料结构型亭

图3-30 现代创意型亭

图3-28：解构组合亭是用解构的手法将亭的构成元素进行变构重新组合，而形成亭的新的形式，这种亭创新性比较强。

图3-29：新材料结构型亭是用新型材料制造的亭，例如张拉膜亭，这种亭结合了钢结构与膜结构，是集建筑学、结构力学、材料力学与计算机技术于一体的新型景观亭。

图3-30：现代创意型亭追求现代及后现代风格，兼顾多种功能，可以是结合室外座椅、花架设计的座椅亭，也可以是用网结构编成的现代景观亭。

廊根据整体造型，可分为直廊、曲廊、抄手廊、回廊等（图3-34~图3-36）。

还可以根据廊的立面造型，将廊分为爬山廊、桥廊、叠落廊、水廊等（图3-37~图3-39）。

（2）廊的设计要点。造型以虚为主，常用虚实对比的手法，如罩、漏、窗、博古架、栏杆、挂落的多为空间构件，能丰富整体立面形象。廊是有规律的重复，具有韵律美感。两柱之间开间宽约3m，进深约1.5~3m，柱径150mm左右，柱高2.5~2.8m，方柱截面为150mm×150mm，长方形截面长边≤300mm。

### 3. 花架

花架指攀缘植物的棚架，可作为景观通道，作遮阴休息之用，能组织、划分景观空间，增加景深（图3-40~图3-42）。

## 3.2.4　桥梁造型

### 1. 桥的类型

桥是指具有承载能力的架空建筑物，用于铁

图3-31　双面空廊

图3-32　单面空廊

图3-33　双层廊

图3-31：双面空廊有柱无墙，两边透空，这种廊应用广泛，它可以使一边的景物成为另一边的远景。

图3-32：单面空廊又称半廊，一面开放透空，一面沿墙设各式漏窗门洞，主要起美化墙面，增添景物层次的作用。

图3-33：双层廊分上、下两层，用于联系不同高度的建筑或景物，游览者通过上下交通，可多层次、多角度地欣赏景色。

图3-34　直廊

图3-35　曲廊

图3-36　回廊

图3-34：直廊的走势较为平直，直行的廊变化较少，园林景观中所使用的直廊大多较为短小。

图3-35：曲廊形体曲折多变，这种形式的廊可赋予园林景区一定的曲折性，园中景致也因此而具备多变性。

图3-36：回廊四面通达，是回环往复形式的廊，它在曲折中又有回环，在园林景观中，回廊大多设置在建筑的周围。

图3-37 爬山廊

图3-38 桥廊

图3-39 水廊

图3-37：爬山廊是建在山坡上的廊，由坡底向坡上延伸，其形体自然起伏，这种形式的廊能将山坡上下的建筑与景致连接起来，形成完整有序的景观。

图3-38：桥廊即桥梁上建的廊，廊本身既可以美化桥身，也可以遮蔽风雨，遮挡烈日阳光，也可供过往游览者休憩。

图3-39：水廊即为跨水或临水而建的廊，能丰富水面景观，使水上空间半隔半连，形式曲折，增加景深，使其富有意境。

图3-40 梁架式花架

图3-41 圆形（异形）花架

图3-42 拱门钢架式花架

图3-40：梁架式花架需先立柱，再沿柱子排列的方向布置梁，在两排梁上垂直于柱列方向架设间距较小的枋，如果供藤本植物攀缘，则还需在枋上布置更细的枝条以形成网格。

图3-41：圆形（异形）花架是由数量不等的立柱围合成圆形或异形，顶部从棚架中心向外呈放射状，这种形式的花架舒展新颖，别具风韵。

图3-42：拱门钢架式花架多用于花廊、甬道上，这种形式的花架别有韵味，投影于地面的光影效果提高了花架的观赏性。

路、公路、渠道、管道跨越河流、山谷等障碍物，属于交通线的重要组成部分。园林景观中的桥主要作用是连接园林中的区域、造景、观赏、突出文化特色等，园林景观中常见的桥有平桥、拱桥、廊桥、木栈桥、跳桥等（图3-43～图3-47）。

## 2. 桥的设计要点

（1）石板桥宽度在0.7～1.5m，以1m左右居多，长1～3m不等。石板桥厚度宜为200～220mm，若人流量较大，需拓宽，宽度在1.5～2.5m，甚至更大可至3～4m。为安全起见，可加设石栏杆，但不宜过高，高450～650mm即可。

（2）跳桥设计基础要坚实、平稳，面石要坚硬、耐磨，多采用天然岩块，石块表面要平整防滑，忌有凹槽，防止积水、结冰。

（3）汀步石布石的间距，应考虑人的步幅，成人步幅为560~600mm，石块的间距可为80~150mm，石块不宜过小，应在400mm×400mm以上，汀步石面高出水面60~100mm。

图3-43 平桥

图3-44 拱桥

图3-45 廊桥

图3-43：平桥外形简洁，多紧贴水面，平面有直线形与曲折形之分，结构有梁式与板式之分，板式桥适于较小的跨度，跨度较大的则需设置桥墩或柱，上安木梁或石梁，梁上铺桥面板。

图3-44：拱桥造型优美，曲线圆润，富有动态感，设计原理是借拱形的桥身向桥两端的地面推压而承受主跨度的应力，多孔拱桥适用于跨度较大的宽广水面，常见拱桥有三孔、五孔、七孔等不同形式。

图3-45：廊桥也被称为亭桥，是以石桥为基础，加建亭廊的桥，亭廊增加了桥的形体变化，可供游览者遮阳避雨。

图3-46：木栈桥是在水的一边或悬崖处，架空或悬吊的道路，满足游览者亲水、观景的需求，设有阶梯、休息座椅、眺望台等。

图3-47：跳桥即指汀步，是置于水中的步石、飞石，是将几块石块平落在水中，以供人行走。

图3-46 木栈桥

图3-47 跳桥

## 3.3 观赏类景观小品

### 3.3.1 绿化小品

**1. 绿雕**

绿雕即指绿色雕塑，是以植物为原材料，通过修剪、缠绕、编制等园艺栽种方式，实现雕塑造型与花卉园艺完美结合的雕塑艺术作品（图3-48）。

**2. 花坛**

花坛是按照整形式或半整形式的图案栽植观赏

植物，表现花卉群体美的景观小品（图3-49）。

#### 3. 花钵

花钵是种花用的器皿，多为口大底端小的倒圆台或倒棱台形状，材质多为砂岩、泥、瓷、塑料、木制品等（图3-50）。

#### 4. 花境

花境又称花径、花缘，多栽植在道路两旁、草地边缘、树丛前侧、绿篱边缘、建筑物或墙垣基部，呈带状分布，主要可分为单面观赏花境、双面观赏花境、对应式花境等几种形式（图3-51）。

### 3.3.2 水景小品

水是重要的造景元素，它能有效提升园林景观的环境品质与观赏价值，能突出主景，提高空间灵性。常见的水景小品见表3-1。

图3-48 绿雕

图3-48：绿雕造型多变，能利用植物材料的立体造型，传达出一定的思想主题与故事情节，由于选材不同，有时会被称作树雕或花雕。

图3-49 花坛

图3-49：用于摆放花坛的花卉不拘品种、颜色，但同一花坛中的花卉颜色应对比鲜明，互相映衬，在对比中凸显各自夺目的色彩。

图3-50 花钵

图3-50：花钵大，植株小，植株吸水能力相对较弱，浇水后，盆土长时间保持湿润，花木呼吸困难，易导致烂根，但是花盆过小会影响植株根部发育。

图3-51 花境

图3-51：花境常用花材有美人蕉、郁金香、萱草、月季等，实际布局时应考虑植株的株型、花序、质感等观赏因素。

表3-1　　　　　　　　　　　　　　　　　常见的水景小品

| 类别 | | 图例 | 说明 |
|---|---|---|---|
| 跌水 | | | 跌水可减缓对地表的冲刷，常见跌水主要有垂直落水、层叠落水、沿壁滑落等几种形式，跌水设计重点在于地势高差变化，要提前确定跌水的形式，水量大，落差单一时，可选择单级跌水，水量小，地形具有台阶状落差时，可选多级式跌水 |
| 叠水 | | | 利用山坡地，使水流分层，使其呈阶梯状连续流出，常见叠水形式有三叠泉、五叠泉等 |
| 喷泉 | 壁泉 | | 水从墙壁、石壁、玻璃板上喷出，顺流而下形成水帘与多股水流，多用于建筑前广场、小区入口、广场、景墙处，如果要形成完整的水帘效果，则需增加水的压力，避免水流紧贴墙面，使水帘与墙壁形成空隙 |
| | 涌泉 | | 喷射高度为0.6~0.8m，且水由下向上冒出，源源不断，喷涌而出，能够形成丰富的白色泡沫，极富动感，可与步道、景墙、雕塑等结合起来形成装饰造景 |
| | 跳泉 | | 喷出的水流分毫不差地落在地面的受水孔中，从而实现水从一个水坛跳跃到另一个水坛，在跳跃的过程中，水流形成晶莹剔透的水段，水段长度、出水速度、跳跃时间等可调节变化 |
| | 雾化喷泉 | | 水流通过微孔喷出，雾化后的喷泉多呈柱形与球形，利用喷雾喷头，喷出雾状水流，可呈现彩虹当空的景象 |
| | 雕塑喷泉 | | 水借助形态各异的雕塑喷流而出，具有抽象性的雕塑将赋予水景一定的象征意义 |

续表

| 类别 | | 图例 | 说明 |
|---|---|---|---|
| 喷泉 | 组合喷泉 | | 将各种喷泉形式进行组合搭配，喷水形式丰富多样，可以形成一定的规模，造就有气势、层次丰富的喷泉或彩色音乐喷泉 |
| | 旱喷泉 | | 不需要储水池，喷射设备放置在地下，喷头与灯光均设置在盖板下端，水柱通过盖板箅子或花岗岩铺装孔喷出，而后流下落到广场硬质铺装上，沿地表坡面排出 |
| 瀑布 | | | 以天然瀑布为参考，有足够的水源，与环境相协调，使流水曲折、分层分段流下，各级落水有高有低 |

### 3.3.3 山石小品

山石小品是以土、石等为主要材料，对自然山水进行艺术提炼与夸张变形，按照一定的审美取向，以造景游览为主要目的，人工堆叠的假山石或人造山石，多出现在园林景观环境中（图3-52～图3-55）。

图3-52 特置

图3-52：特置是用一块特别的山石来造景，也可将两块或多块石料拼接在一起，形成完整的单体巨石；特置山石多用作入门的障景与对景，或置于视线集中的廊间、天井中央、漏窗后部等处。

图3-53 对置

图3-53：对置是以两块山石为组合，相互呼应的置石手法，常立于道路两侧，对置山石设计可仿效特置石，主要追求对称美，在构图上需均衡。

图3-54 散置

图3-55 群置

图3-54：散置是用少数几块山石，按照审美原则搭配组合，或置于门侧、廊间、池中，或与其他景物组合造景，散置山石布置讲究置陈、布势，可独立成景。

图3-55：群置是将几块山石成组排列，作为一个群体来表现，或采用多块山石互相搭配布置，设计要求石块大小不等、主从分明、层次清晰、高低有致，不宜排列成行或左右对称。

### 3.3.4 雕塑小品

雕塑小品属于园林中的小型艺术品，它能起到感化、教育、陶冶性情的作用，其独特的个性还能赋予空间强烈的文化内涵。设计雕塑小品应先根据周围环境特征，确定雕塑小品的主题、形式、材质等信息，并使其与周边环境协调统一（图3-56～图3-59）。

图3-56：人物雕塑是以纪念性人物与情趣性人物为主要题材，通常具有历史意义或生动的形象。

图3-57：动物与人一样，存在着一定的情感与象征意义，如善良可爱的梅花鹿，动物雕塑能使环境更祥和、自然、生动，同时也能丰富园林的艺术趣味。

图3-58：抽象性雕塑含意深奥，游览者可以一边观赏，一边思考它所象征的意义。

图3-59：由于材料的特殊性，冰雪雕塑会受到地域与环境的限制，这种类型的雕塑小品在东北、新疆一带已成为冬季园林的一大特色。

图3-56 人物雕塑小品

图3-57 动物雕塑小品

图3-58 抽象性雕塑小品

图3-59 冰雕雪塑小品

# 3.4 设施类景观小品

## 3.4.1 服务类小品设施

**1. 座椅**

座椅能为游览者提供休息、赏景的空间,能点缀园林景观环境,烘托气氛(图3-60)。座椅应坚固耐用,不易损坏、积水、积尘,且耐腐蚀、耐锈蚀,便于维护,通常单座型座椅的座面宽为400~450mm,高度为380~400mm,附设靠背座椅的靠背长为350~400mm,无靠背的休息凳宽深尺寸则较自由,为330~400mm。

**2. 景观灯具**

景观灯具品种多样,草坪灯高度为0.3~0.4m,多安放在草地边或路边,用于地面亮化;地埋灯埋在地面下,多用于为植物点缀照明;水下灯为密封绝缘灯具,主要放置在水面以下,对水景进行亮化照明;庭园灯高度为2~3m,多用于园路、广场、绿地照明;景观灯高度不低于1m,多用于广场、人流集散处的装饰照明;投光灯低于人的视点,通常作为隐藏性照明灯具,在夜景的细节处理上具有较强的视觉美感。

景观灯具设计要充分考虑白天景观形象与夜晚灯光的艺术气氛,使灯光、灯具、景观环境三者能够和谐统一(图3-61)。

**3. 垃圾箱**

垃圾箱的主要作用是收集场所环境中被游览者丢弃的垃圾,以便对垃圾进行集中清理工作,从而起到美化环境、保障健康和谐的作用(图3-62)。

**4. 用水器**

用水器主要为游览者提供饮水、洗手等功能,设计时需考虑管理条件与水管道安装条件,应设置在易排水的地方。通常供成人使用的高度应为700~800mm,供儿童使用的高度应为400~600mm,在结构与高度上还需考虑轮椅使用者使用的便捷性(图3-63)。

图3-60:座椅的设置方式应符合人的活动规律与心理需求,应结合植物、雕塑、花坛、水池设计,并充分考虑与周围环境、其他设施等的关系。

图3-61:景观灯具小品既有展示也有隐藏,能为路面、建筑物、水景、绿植、座椅、墙面等带来直接或间接照明,在夜景中能带来丰富的视觉效果。

图3-62:通常垃圾箱高度为600~800mm,体量较大的垃圾箱高度为900~1000mm,垃圾箱的设计应充分体现出资源的循环再利用、垃圾分类等环保概念。

图3-63:用水器包括饮水器、洗手器,其基本形体有多种,如方形、圆形、互相组合的几何形体等,多用混凝土、石材、陶瓷、不锈钢金属等材料制成。

图3-60 座椅

图3-61 景观灯具

图3-62 垃圾箱

图3-63 用水器

## 3.4.2 休闲类小品设施

### 1. 秋千

秋千的吊链、接头等配件,应选用强度高的钢材,秋千下及周围地面应采用沙土等柔性铺装,防止跌伤(图3-64)。两座式铁制秋千架设计尺寸为宽约2.8m、长约3.9m、高2.6m,安全护栏宽6.2m、长5.8m、高0.8m;四座式铁制秋千架设计尺寸为宽约2.8m、长约6.5m、高2.6m,安全护栏宽6.5m、长7.8m、高0.8m。

### 2. 滑梯

滑梯宜选用平滑、环保、隔热的材料制作,为了保证使用者的安全,应在滑梯周围设置防护设施,通常滑梯的宽度宜设计为400mm,两侧立缘宜高180mm(图3-65)。

### 3. 跷跷板

跷跷板是用木材或金属作支架,支撑一块长方形木板的中心,两端可以一人或多人乘坐,并设计有扶手,也可以与其他器械结合,通常普通双连式跷跷板的标准尺寸为宽1.8m、长3.6m、中心轴高450mm(图3-66)。

### 4. 儿童攀登架

攀登架的架杆多选用外径为272mm的煤气管或木材,且从安全角度考虑,架下应设置沙坑或其他柔性铺装。常用攀登架每段高0.5~0.6m,由4~5段组成框架,总高约为2.5m,可设计成梯子形、圆锥形或动物造型;方形攀登架的标准尺寸为格架宽0.5m,攀登架整体长、宽、高相同,为

图3-65 儿童滑梯

图3-65:滑梯可通过重力作用自高向低滑下,可以上下起伏改变方向,该设施既具备美观性,同时也能增加儿童游戏乐趣。

图3-64 儿童秋千

图3-64:秋千踏板距地面约350~450mm左右,为了避免幼儿钻入踏板下,通常儿童使用的秋千踏板下缘高度宜为250mm。

图3-66 儿童跷跷板

图3-66:为了避免使用者受伤,跷跷板下方可设置废旧轮胎等作缓冲垫,也可在跷跷板周边设置沙坑或作柔性铺装。

2.5m(图3-67)。

### 5. 公共健身设施

公共健身设施体量较小,设置地点一定要结合园林的具体条件,设计应考虑使用者的锻炼要求,有针对性、有选择地进行配置,以满足不同人群的需要,可作为小型广场的主题集中布置,也可布置在广场绿化周边,或沿景观路线作线性布置(图3-68)。

图3-67 儿童攀登架

图3-67:儿童攀爬架常用木材或钢管组接而成,儿童可以攀登上下,可在架上进行各种动作,这类设施可用于锻炼儿童的平衡能力。

图3-68 公共健身设施

图3-68:公共健身设施应布置于阳光充足、通风良好、绿化景观丰富的区域,其造型、色彩等应与整体环境结合起来考虑,应兼具休息、娱乐、导向、装饰等功能。

---

**— 补充要点 —**

**儿童器械设计公式**

儿童游戏器械的设计与制作应与儿童的活动尺度相适应,儿童平均身高可按公式"年龄×50 + 750mm"计算得出:1~3周岁幼儿高800~900mm;4~6周岁学龄前儿童高950~1050mm。

---

### 3.4.3 信息类小品设施

#### 1. 标识

标识具有识别与传达信息的功能,标识运用较为广泛,具体分类如表3-2所示。

表3-2　标识分类

| 类别 | | 图例 | 说明 |
|---|---|---|---|
| 领域标识 | | | 起着限定与强调的作用，要求简明、易识，运用象征性、美术性手段来实现设计者与使用者、观赏者之间的沟通 |
| 环境标识 | 方向标识 | | 帮助游览者在陌生环境中发现路径与目的地所在，以易读性、可视性及位置的适当为基本要求 |
| | 方位标识 | | 用来说明环境内个体间的地理位置及其关系，如地图、方位图等，清楚明了的方位图能使外来者对所处环境感到便利与安全 |
| | 说明标识 | | 解释性标识，主要针对较为特别的主题，如地理特征、景点由来、古迹历史等，特定环境的说明标识不仅有助于了解园林景观环境内的个体，且说明标识本身的设计也是园林景观环境中的另一个视觉形象 |
| | 信息标识 | | 用于传达信息、广告宣传与产品说明 |
| | 功能标识 | | 将环境空间按不同的功能进行分类的标识说明，这种功能性的标识作为一种记号，只有在某种认同与规定的基础上，才能表达、指示空间功能 |
| | 招牌标识 | | 用于环境中与各种对外宣传媒体中，是为了让别人了解该区的名称而做的标识 |
| 交通标识 | | | 用于指明道路方向、传递交通信息 |

## 2. 音箱

音箱设置于园林景观的公共活动场所中，这种设施造型各异、形式多样，有的被做成装饰物隐匿于绿地中，提供背景音乐或信息传递；有的只闻其声，不见其形（图3-69）。

## 3. 计时装置

计时装置可以向游览者准确报时，多设置在绿地、广场、公园等场所，设计时需注意其高度与位置，要使计时装置在园林景观环境中既醒目又和谐（图3-70）。

图3-69 音箱

图3-70 计时装置

图3-69：音箱通常体量较小，设计时需考虑如何与景观环境融合在一起，其色彩、材质、比例等都应与整体环境协调统一。

图3-70：计时装置具有良好的防水性能，便于专人维修、校对，且不易被他人接触到显示部分，所具备的功能趋向综合，可与雕塑、花坛、喷泉、广告牌等设施相结合。

# 3.5 园林景观小品案例解析

## 3.5.1 景观小品设计

### 1. 草图畅想

在设计之初，设计师可利用草图将所有想法用图形的形式表现出来，这个步骤主要用于记录设计灵感，这不仅有利于后期的设计，也有利于设计师与自身的深入交流，这种模式也会更有利于景观小品设计方案的逐步完善（图3-71）。

### 2. 方案延伸

草图畅想阶段会得到许多设计创意，方案推敲的过程便是比较、综合、分析、提炼草图的过程，这也便于后期更加理性地审视景观小品的设计方案。随着思路的清晰，景观小品的设计方案也将更完善，可针对已被选出的方案，分析其是否存在问题并进行完善，可从功能性出发，寻找可以拓展的方面（图3-72）。

图3-71 景观小品设计草图

图3-71：草图上的每一根线条，都是对设计思路及设计过程图形化的思考与表达。

图3-72 景观小品设计手绘彩图

图3-72：手绘彩图具备一定的艺术效果，通过图纸可以初步看出景观小品的造型、功能、艺术特征，这也能成为确定景观小品是否可行、是否符合经济要求等的依据。

### 3. 方案深化扩充

在深化设计方案的同时，还需确立设计对象的尺度关系，材料与材料之间质感对比、色彩对比关系等，并以此解决景观小品的安全性、美观性、舒适性、地域性、文化性等问题。扩充设计主要解决景观小品设计方案的施工方法、结构等问题，将方案深化成系统的图纸，明确各细部的尺寸、连接关系、确定其材料、生产、安装方法，进一步完善设计方案（图3-73）。

## 3.5.2 实景方案解析

### 1. 施工图设计

施工图主要是通过平面图、立面图、剖面图、大样图、节点详图等将景观小品具体化、形象化，解决各细部的实施与相互配合问题，明确材料与施工工艺，从而使设计得以顺利实现（图3-74）。

### 2. 设计实施

在景观小品方案确定以后，便可用实物的形式

（a）亭子设计

（b）花池坐凳设计

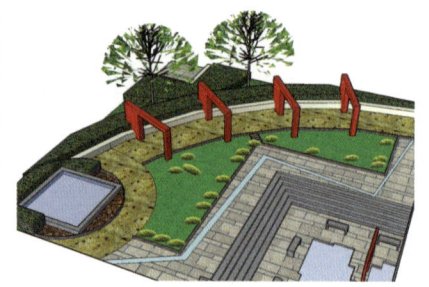

（c）园路设计

图3-73 景观小品设计效果图

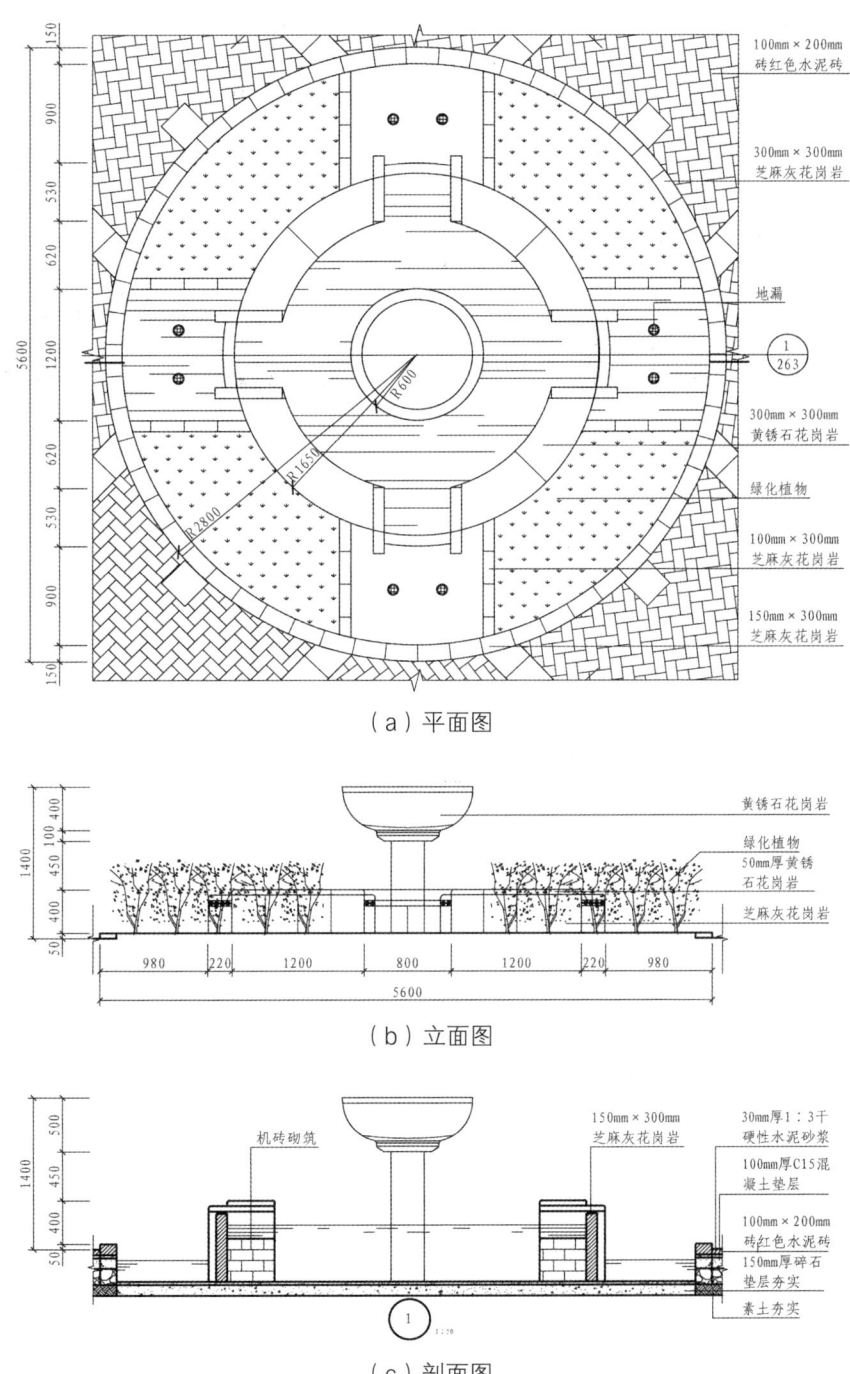

（a）平面图

（b）立面图

（c）剖面图

图3-74　喷泉设计施工图

来直观展示设计效果。在实施的过程中，会遇到许多问题，包括现场景观空间环境与景观小品调整、材料工艺、成本概算、安装配套等问题，设计师需不断地与各方面的工作部门进行沟通。

设计施工结束以后，需收集景观小品的使用状况、使用者评价、使用经济效益等信息反馈，并总结设计工作中的经验与教训，建立适宜的景观小品维护管理机制，负责其维护与保养工作（图3-75）。

图3-75 喷泉实景图

> **本章小结**
>
> 景观小品能丰富园林景观的文化内涵，提升环境品质，在设计时应注重细部要素的塑造，要由粗到细，由整体到局部，不断完善景观小品的设计，使景观小品具备功能性与观赏性，并能引发观赏者的思考，能给予观赏者更深层次的视觉体验。

**课后练习**

1. 简述景观小品的概念与作用。
2. 景观小品的设计要坚持哪些原则？
3. 亭台、廊架具体有哪几种？
4. 简述桥梁类别与设计要点。
5. 绿化小品的主要类型有哪些？分别有什么特点？
6. 水景小品有哪些？分别有什么特征？
7. 假山石与人造山石有什么不同？
8. 山石垒砌的特点是什么？有哪些垒砌方式？
9. 根据相关作品，思考景观小品造型的语言特点，分析景观小品的创新主要体现在哪些方面？
10. 利用网络技术或查阅资料等方式，根据景观小品的分类收集小品作品。
11. 考察、收集关于社会主义核心价值观的景观小品，重新设计一个红色文化主题的景观小品。

# 第4章 园林景观雕塑设计

识读难度：★★★☆☆
重点概念：意义、特征、类型、工艺、构成要素

> **章节导读**
> 雕塑存在于园林景观空间中，它运用新技术、新材料与新创意，营造出能激发公众情感与思想的艺术氛围；它所具备的功能与艺术美感，不仅能启迪公众的心灵，还能将艺术人文体验与生活内涵呈现在公众面前，引发公众对环境、对美的欣赏和思考。

## 4.1 雕塑设计基础

### 4.1.1 雕塑的功能

**1. 调适公众心理压力**

雕塑在一定程度上增加了公众生活的活力，在园林景观设计中运用雕塑能打破几何建筑造型的呆板（图4-1）。

**2. 拉动城市经济建设**

雕塑是城市精神文明与物质文明发展的集中化表现，能让公众得到深层次艺术体验，拉动城市经济建设，加快城市建设步伐，促进城市经济健康有序发展（图4-2）。

**3. 传承历史文化**

雕塑是一个国家或区域文化的标志与象征，同时也是民族文化积累的产物。雕塑设计者强化了传统文化积累，深入挖掘园林景观的历史文脉，使其成为园林景观文化积淀与传承的重要载体（图4-3）。

### 4.1.2 雕塑设计特征

**1. 与环境相关**

雕塑设计应注重雕塑主体与环境背景的有

图4-1 同等体量感的雕塑

图4-2 历史代表性雕塑

图4-3 传承文化的雕塑

图4-1：《摄影爱好者》雕塑通过与人相当的体量感，使公众产生亲切温暖的感受，从而减轻高楼大厦带来的压迫感。

图4-2：《海的女儿》造型优美、含义隽永，能在公众眼中产生难以磨灭的印象，在旅游经济中发挥重要作用。

图4-3：雕塑作为一种具体可感的艺术形象，除具有审美价值之外，还包含着深刻的文化内涵，《勘测者》表现出劳动者工作的艰辛。

机融合，雕塑不仅要造型精美，更重要的是它能与周边环境完美结合起来，且二者彼此衬托（图4-4）。

### 2. 涉及门类丰富

雕塑设计涉及美学、社会学、心理学等学科，设计者应熟悉雕塑本体，并需不断了解与雕塑相关的学科，熟悉制作技术特点，关注雕塑制作的新工艺（图4-5）。

### 3. 反映风俗人情

雕塑具有多样性，面对不同社会层次、不同教育背景的公众，表达风俗人情，使较多人产生共鸣，语言应当具有通俗化倾向（图4-6）。

### 4. 具有艺术性

雕塑代表着不同地区、不同时代的文化遗产，值得公众欣赏、记忆。雕塑的设计主题要有一定特殊性，不可与周边环境冲突（图4-7）。

图4-4 公园中的小象雕塑

图4-5 具有创意的雕塑

图4-4：雕塑设计应追求整体的和谐，应能达到整合环境、美化环境的目的。

图4-5：雕塑造型尽可能避免内容与材料的重复，拓展新思维，推动雕塑技术发展。

图4-6 能引起共鸣的雕塑

图4-7 具有艺术性的雕塑

图4-6：雕塑主题与空间环境相互协调，且两者能融合成一个有机的整体，住宅区中的园林景观雕塑多反映亲情主题。

图4-7：雕塑是艺术家个人精神世界的外在表露，具有艺术创新价值，公众对这种艺术形态的理解来源于自己对生活的感悟，抽象造型雕塑更会让人感到新奇，从而仔细揣摩创作者的思想。

### 4.1.3 雕塑设计类型

雕塑类型十分丰富，具体分类如表4-1所示。

表4-1　　　　　　　　　　　　　　　雕塑设计分类

| 分类 | | 图例 | 说明 |
|---|---|---|---|
| 根据功能不同划分 | 纪念性雕塑 | | 主题鲜明，题材严肃，用来纪念或缅怀重大事件或著名人物，多使用能长期保存的雕塑材料，并安置于特定的环境或纪念性建筑中，具有庄严感与永久性，公众能从历史人物形象中受到启迪与鼓舞 |
| | 主题性雕塑 | | 是特定地点、环境、建筑的主题说明，雕塑能升华主题，使公众感受到环境的特性，这类雕塑具有纪念、美化的意义 |
| | 装饰性雕塑 | | 是以装饰为目的而进行的雕塑创作，强调主体对客体的感受，注重艺术表现规律与形式美法则，富有浪漫主义情结 |

续表

| 分类 | | 图例 | 说明 |
|---|---|---|---|
| 根据功能不同划分 | 功能性雕塑 | | 强调雕塑与使用功能相结合，是既实用又具有艺术审美的雕塑作品，如休闲座椅等 |
| | 陈列性雕塑 | | 雕塑与周围环境互相协调统一，互相衬托，这类雕塑能永久陈列起来，供公众参观欣赏，并为公众所接受 |
| 根据形式不同划分 | 圆雕 | | 是可以多方位、多角度欣赏的三维立体雕塑，这类雕塑不适合表现自然场景，却可集中深入地塑造人物性格，设计应注意形体结构变化，根据主题内容需要，对形体进行多种变形设计 |
| | 浮雕 | | 采用压缩的方法来处理对象，只供一面或两面观看，其中高浮雕压缩小，起伏大，接近圆雕，浅浮雕压缩大，起伏小，既保持了平面性，又具有一定体量感与起伏感，给人一种淡雅、含蓄的感觉 |
| | 透雕 | | 是指去掉底板的浮雕，能产生变化多端的负空间，并使负空间与正空间的轮廓线有相互转换的节奏 |

## 4.2　雕塑设计方法

### 4.2.1　明确设计要求

雕塑要适合所处的环境，即雕塑的体量、形态、材质要符合空间环境，从而产生恰当的效果。

## 1. 具有交流性

雕塑设计要注重公众对作品的参与性，雕塑与公众的互动交流，能有效提升环境的整体空间品质与吸引力。雕塑设计的尺度与形式要与公众的行为与心理活动保持一致（图4-8）。

## 2. 与人工环境协调

雕塑在特定环境中有美化环境的目的，要让公众欣赏到雕塑优美的形式与它所营造的高雅氛围外，并能从中领略到当地所特有的历史人文气息，雕塑应与人工环境相融合（图4-9）。

## 3. 与自然环境相结合

雕塑具有参与性、互动性，雕塑与自然环境有机结合，能具有永恒的艺术生命力（图4-10）。

## 4. 具有文化性

雕塑设计应具有严密的逻辑性、秩序性，要做到对历史文化的尊重与艺术价值的深化，要能在环境中寻找到时代特色（图4-11）。

图4-8 能与公众交流的雕塑

图4-8：雕塑要对公众起到积极影响，雕塑的形式与公众的行为产生联系。中国象棋对弈是中老年人热衷的活动，雕塑主体形象的年龄设计精准，符合公众的认知，与同龄的观赏者产生交流互动。

图4-9 感受历史人文气息的雕塑

图4-9：雕塑的题材要与环境和谐一致，反映历史场景的雕塑具有很强的人文气息，雕塑与所处环境相适应。

图4-10 与自然环境相结合的雕塑

图4-10：从自然环境特点出发，将马车雕塑安放在园林景观路边，具有交通引导作用，充分利用环境因素来丰富雕塑的内涵，使其与自然环境相得益彰。

图4-11 具备象征意义的雕塑

图4-11：和平鸽雕塑象征着友好，常常出现在国际交流主题园林景观中，代表着我国人民与世界各国人民之间的友谊，传递着我国人民对世界和平的真诚祝愿。

― 补充要点 ―

**古希腊著名雕塑家菲狄亚斯**

菲狄亚斯,主要活动时间在公元前490~公元前430年,是政治家伯利克里的挚友与艺术顾问,他擅长神像雕塑,主要作品有雅典卫城上的巨大的《普罗迈乔司的雅典娜》《利姆尼阿的雅典娜》,奥林匹亚的《宙斯》与《帕提农的雅典娜》等,但都已失传,所见到的只是复制品。

著名帕提农神庙的装饰性雕塑,是在他的领导、设计、监督之下完成的,其中,最著名的作品是《命运三女神》。他的主要创作生涯是在故乡雅典度过的,他一生最辉煌的业绩是在他领导下重建了雅典卫城,完成了众多的雕刻装饰杰作。关于菲狄亚斯晚年的处境,有人说他因贪污黄金与象牙受到控诉,总之,他晚年深遭不幸,在歧视、审讯与放逐中结束了生命。

## 4.2.2 掌握设计要素

雕塑要有实际体积,且具有可视又可触摸的空间形态,其设计目的是通过直观的造型来展示立体构成的空间状态,从而表达出作品美的内涵。

### 1. 基础形态

雕塑作品都由点、线、面、体这些基本形态要素构成。

(1)点。雕塑中的点是有体积的,它可以是有规则或无规则的任意形态,也可以是大小不一的形态(图4-12)。

(2)线。线是点移动的轨迹,它只具有位置与长度,而不具有宽度与厚度,雕塑中的线具有延伸感(图4-13)。

(3)面。面是线移动的轨迹,可以看得到、摸得着的面能构成雕塑,面可以进行叠加、组合、渐变等,能丰富雕塑的表现语言(图4-14)。

(4)体。依靠点、线来完成形象的延伸,在雕塑的造型中能使雕塑的立体感表现得更加生动(图4-15)。

图4-12 点构成的雕塑

图4-12:点是雕塑具体的形体表现,同等大小或不同大小的点组合在一起能传达出凝聚力与向心力作用。

图4-13 线构成的雕塑

图4-13:线是通过交错、重叠、环绕等节奏要素来表现雕塑审美的。

## 2. 正负空间

雕塑的过程是对形体做减法与加法的过程，从而产生了正负空间，实体部分是正空间，虚体部分是负空间。雕塑的虚、实空间相互组合，表现出强烈的对比感知（图4-16）。

图4-14 面构成的雕塑

图4-15 体构成的雕塑

图4-14：面与点材、线材综合使用，带来了雕塑立体语言的生动性与形式的多样性。

图4-15：雕塑的立体感来源于空间中存在的实体，具有长、宽、高的雕塑形体都是客观存在的实体。

图4-16（a）：手是雕塑的主体，是正形空间，手指之间组合后形成的空洞就是负形空间，雕塑是塑造正形空间，同时也在形成负形空间。

图4-16（b）：将雕塑的重力集中在人体造型上，让雕塑作品能稳固地摆放安装，在视觉上具有稳定感。

（a）正负空间不对等

（b）力量不对等

图4-16 正负空间的应用

---

### 补充要点

#### 水泥雕塑

水泥雕塑又称为混凝土雕塑，施工时应先搭建雕塑钢筋结构，由雕塑泥材料塑造出相应的形态，在泥塑稿制作完成后，翻制外模并使用石膏加固，灌入混合水泥浆体融合钢筋构架，借此铸型并最后细节刻画雕琢成型。

## 3. 色彩

雕塑色彩是有感情的，雕塑的色彩受环境影响明显，对比色是雕塑中经常用的，需要引人注目的部位，色彩明暗对比会比较强烈。不需要引起注意的地方则相反（图4-17）。

## 4. 材料

现代雕塑材料具备传达审美语言的功能，材料的质地、肌理、色彩等传递着各种综合信息，大众结合这些信息，会产生大致印象，这种印象结合我们之前所接触到的事物，能产生软硬、冷暖等心理感受（图4-18）。

雕塑作品的材质肌理具有强烈的审美特性。石纹、木纹、风化腐蚀等自然肌理多表现为沧桑感；印痕、锻打、焊接等人造肌理多表现为华丽感（图4-19）。

## 5. 尺度

雕塑的尺度、体量设计是体现、表达作品内涵的关键，影响尺度的因素主要有以下几方面。

（1）人。人拥有独立的审美能力，雕塑作品的高低、大小，能给人留下不同的艺术感染力（图4-20）。

（2）环境。安置雕塑的环境有开放与封闭之

（a）辣椒雕塑　　　　　　　　　（b）小丑雕塑　　　　　　　　　（c）色彩鲜明的雕塑

图4-17　雕塑色彩

图4-17（a）：色彩的应用能使雕塑增添新的活力与个性特征，体现鲜明的时代精神，红色辣椒与周边绿色环境形成强烈的色彩对比，十分惹人注目。

图4-17（b）：小丑头部色彩丰富，在灰色为主调的广场中心，具有强烈的色彩对比效果。

图4-17（c）：以更为丰富的视觉效果与情感色彩，最大限度地满足观看者的心理要求，动物形体色彩用经过提炼的绿色、黄色，明显区分于周边环境，让雕塑成为环境的视点中心。

图4-18（a）：不锈钢在潮湿的气候环境中具有良好的视觉审美效果，多用于园林景观中的水面雕塑。

图4-18（b）：耐候钢板表面进行防锈涂装，并在表面涂刷仿铁锈涂料来表现雕塑的沧桑感。

（a）不锈钢雕塑　　　　　　　　　（b）耐候钢板雕塑

图4-18　不同材质的材料

分，雕塑作品的尺度必须经过分析、估算，选择合适的高度与体量（图4-21）。

（3）雕塑。对雕塑的尺寸、体量进行估计，在小稿创作阶段对尺度有合理把握（图4-22）。

图4-19（a）：粗糙的纹理，给人一种粗犷、豪放、厚重的感觉。

图4-19（b）：光滑的表面，给人一种细腻、精致、华丽的感受。

（a）坚硬、粗糙的肌理

（b）细腻、光滑的肌理

图4-19 不同肌理的材料

图4-20 符合公众审美的雕塑

图4-21 与环境相协调的雕塑

图4-22 尺度合适的雕塑

图4-20：勺子与樱桃是对现实生活的放大，处于自然水池中，塑造一套完整的餐饮题材的雕塑。

图4-21：公园位于城市中心，雕塑形体表现出建筑形体特征，同时有树木的造型肌理，与周边景观环境完全融合在一起。

图4-22：人形雕塑的体量与真实的人相当，只是在形体比例上有所夸张，符合公众的普遍认知。

---

**— 补充要点 —**

**根雕与漆雕**

根雕是以树根的自生形态为艺术创作对象，通过构思立意、开料、加工等技术处理后，创作出多种艺术形象作品。创作的基本手法是雕饰，进行虚实结合的塑造。漆雕是我国传统工艺美术品，始于唐代，工艺流程极其复杂，是在堆起的平面漆胎上剔刻花纹。

## 6. 空间关系

空间关系指雕塑与环境之间的关系。

（1）方位关系。指环境中雕塑所处的方向、位置（图4-23）。

（2）朝向关系。特定的方位决定雕塑的朝向（图4-24）。

（3）时间关系。空间变化与时间结合在一起，使物体运动过程具有持续性与顺序性（图4-25）。

### 4.2.3 雕塑实践设计

#### 1. 泥塑

常用工具为木棒、木槌、泥塑刀、泥刮等（图4-26）。主要雕塑流程为：选择合适的泥土→捏制坯胎→阴干坯胎→翻模→脱胎→上底粉→施彩绘（图4-27）。

#### 2. 石雕

常用工具为石雕锯、石雕锤、石雕凿、锉刀等工具，注意雕刻时要穿上防护衣，戴好防护眼镜、耳塞、防尘口罩、手套等辅助品（图4-28~图4-31）。

石雕雕塑步骤为：

（1）做泥样稿。在泥稿上反复修改直到满意后再翻制出石膏模型，在石膏模型上画出参考轮廓线，在关键的转折点上做出标记并连接，形成参照线。

（2）选荒料。选料时要按石膏像的大小找一块高、宽、厚较大的石料，找出石块大致的中轴，画出十字中心轴延伸到四面及顶面、底面，确定作品底面，将底部打成平面，使石块能够竖起，根据

图4-23 雕塑的空间方位

图4-24 雕塑的朝向

图4-25 具备时间特征的雕塑

图4-23：雕塑的空间方位布局并没有固定的模式，雕塑可被放置在任何位置上。

图4-24：雕塑的空间朝向涉及很多变量，体现了雕塑与环境之间的复杂状态。

图4-25：利用时间的延续性来表现雕塑形体与空间变化。

图4-26：泥塑刀多种多样，常见的为木质材料，搭配部分金属刮刀使用。

图4-27：泥塑应选择黏性好的泥土，捏制好的坯胎不能晒在阳光下，上色时要注意颜色搭配和谐。

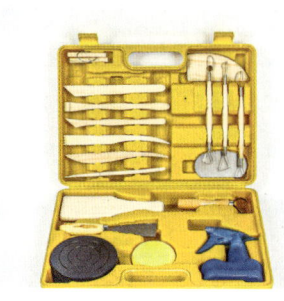

图4-26 泥塑工具

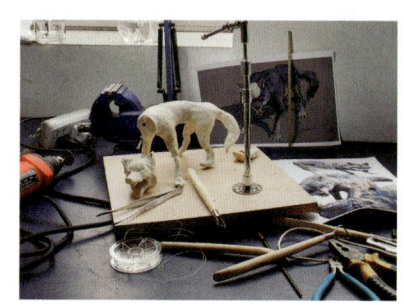

图4-27 泥塑

图4-28：石雕锯的作用是去除石头中多余的部分，目前多为电动锯，可大幅提高工作效率。

图4-29：石雕锤为敲击工具，用以敲击石雕凿，使其雕刻石材，分大、小号。

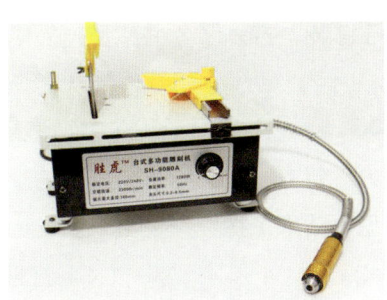

图4-28　石雕锯　　　　　图4-29　石雕锤

图4-30：石雕凿为钢质杆形石雕工具，下端为楔形或锥形，端末有刃口，使用时用锤子敲击上端使下端刃部受力。

图4-31：锉刀分为粗锉刀与锉刀，根据需要选择不同等级的锉刀。

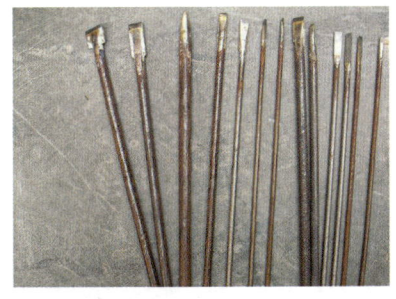
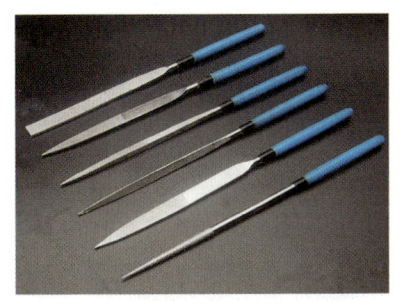

图4-30　石雕凿　　　　　图4-31　锉刀

石膏像确定作品的前后面。

（3）剥荒。将所选荒料进行剥荒，凿出大体的粗坯，分别根据石膏像的正面、侧面的参考轮廓线在石块上用粉笔画出形状，边画边比较边打制，由粗到细地逐步雕刻，注意石头雕塑特点是只能减少不能增加（图4-32）。

（4）定型。剥荒完成后需对石雕形状进行适当处理，使其呈现出石雕的基本轮廓。

（5）做细。完成石雕的细节处理。

（6）打磨。对石雕进行磨光、上色等处理，在石雕打制过程中，同时进行打磨处理，形成不同的肌理效果（图4-33）。

图4-32　剥荒　　　　　图4-33　打磨

图4-32：使用电动工具制作石雕比较简单，剥荒时可用电锯在石头上锯出许多纵向的锯沟，再用钢凿横向剃掉，石头表面的粗糙面可直接用电磨磨平，并用大小不同的磨头进行细节的深入，直至完成石雕。

图4-33：对于较深颜色的石头，不同的肌理与不同的打磨程度均会产生不同的深浅颜色与光泽。

（7）包装。对已完成的石雕进行包装、打木架，准备运输安装。

### 3. 木雕

常用工具包括圆刀、平刀、玉婉刀、斜刀、三角刀、敲锤、木锉、斧子、锯子、小型电动木工抛光机、电动手枪钻等（图4-34～图4-39）。

木雕雕塑步骤为：

（1）初步构思。绘制创意稿，用墨线将创意稿勾画放大至木材上。

（2）制造粗坯。凿粗坯可从上到下，从前到后，由表及里，由浅入深，一层层地推进，从整体着眼，调整比例与各种布局，将具体形态逐步落实并成形，为修光留有余地（图4-40）。

（3）修光。运用精雕细刻及薄刀法修去细坯中的刀痕凿垢，使木雕作品表面细致完美，修光要求刀迹清楚、细密，能将雕塑作品的意图准确地表现出来。

（4）打磨。运用粗细不同的砂纸打磨，先用粗砂纸，后用细砂纸，顺着木料纹理方向打磨。

（5）着色上光。颜料与水的比例为30∶1，要适当稀释，上色的刷笔含水量不宜过多，木雕上色后应等木雕表面完全干透后，用一块干净的布擦拭其表面，直至产生均匀的光泽（图4-41）。

图4-34 圆刀

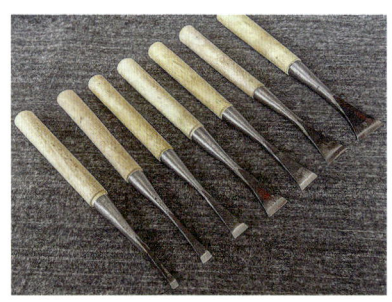
图4-35 平刀

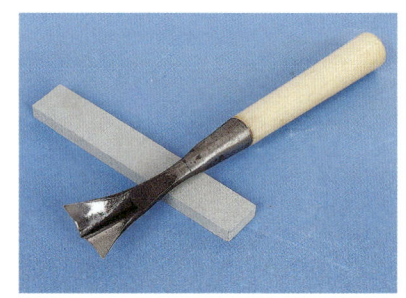
图4-36 玉婉刀

图4-34：圆刀刃口呈圆弧形，多用于圆形与圆凹痕处，如花叶、花瓣及花枝干的圆面都需用圆刀适形处理。

图4-35：平刀刃口呈平直状态，主要用于劈削、铲平木料表面的凹凸，使其平滑无痕。

图4-36：玉婉刀也称"和尚头""蝴蝶凿"，刃口呈圆弧形，是一种介于圆刀与平刀之间的修光用刀。

图4-37 斜刀

图4-38 三角刀

图4-39 锯子

图4-37：斜刀刃口呈45°左右的斜角，主要用于雕塑作品的关节角落与镂空狭缝处作剔角修光，刻人物眼角处便需用到斜刀。

图4-38：三角刀刃口呈三角形，锋面在左、右二侧，锋利点集中在中角上，主要可用于刻毛发、刻装饰线纹。

图4-39：锯子主要用于木材的切割，使用时应控制好割锯的速度。

图4-40：粗坯要求做到有层次、有动势，比例协调、重心稳定、整体感强，并初步形成木雕的外轮廓与内轮廓。

图4-41：着色的颜料多为水溶性颜料，如水粉、水彩或皮鞋油，这类颜料的特点是覆盖性小，有较强的渗透性。

图4-40 粗坯

图4-41 上色后的木雕

### 补充要点

**木材的干燥处理**

1. 人工干燥。将木材密封在蒸气干燥室内，借蒸气促进水分蒸发使木材干燥，干燥的程度最高可使木材含水量仅达3%，经过高温蒸发后的木质会发脆，从而导致木材失去韧性而不利于雕刻，因此原木干燥的程度宜保持在含水量25%左右。

2. 自然干燥。耗时较久，可将木材分类放置于通风处，搁置成垛，垛底离地600mm左右，中间留有空隙，使空气流通，带走水分，木材也因此逐渐变得干燥。

3. 简易人工干燥。用火烤干木料内部水分，或用水煮去木料中的树脂成分再放在空气中干燥或烘干，但浸水后的木材容易变色，有损木质纤维。

**4. 铜雕**

铜雕常用铜材包括紫铜、黄铜、青铜等几种（图4-42～图4-44）。铜雕的制作要经过金属冶炼、铸造、雕刻、镀金、抛光、上红等几项重要工序。铸造主要有失蜡法和模具法两种。

图4-42 紫铜

图4-43 黄铜

图4-44 青铜

图4-42：紫铜即指纯铜，塑性极好，宜锻打工艺，铸造时需加入其他金属。

图4-43：黄铜主要成分为铜、锌，含极少量铝、锡，铸造加工性能与抗腐蚀性较好，适宜精铸，着色稳定。

图4-44：青铜主要成分为铜、锡，含有极少量铝、锌，铸造加工性能、防酸、防碱、防盐、抗腐蚀等性能较好，适宜精铸，着色稳定。

铜雕雕塑细节为：

（1）放置铸铜雕塑的空间必须干燥，没有尘埃与空气污染物，温度18～23℃，湿度40%～50%，铸造必须预防接触铸铜雕塑产生的有害化学物质，如酸类、油脂、氯化物等（图4-45）。

（2）搬动铜雕时一定要戴上棉丝手套，铸铜雕塑上的尘埃，要用柔软的布片擦拭。

### 5. 石膏雕塑

常用工具为拌浆碗、夹子、模具、雕刻刀等几种（图4-46）。

石膏雕塑步骤为：

（1）设计模型。设计研究型模型，根据情况确定尺寸图及手绘图。

（2）制作模框。根据设计模型的大小制作模框，将模具对口拼齐后用夹子夹好，检查对口是否对齐。

（3）配制石膏浆。在碗中加入半碗清水，再加入适量石膏粉，搅拌均匀，需确保搅拌完成后没有气泡（图4-47）。

（4）浇注成型。将搅拌好的石膏浆倒入模具中，快速转动模具，使石膏浆均匀沾满模具，未凝固时可转动模具，初凝固时，则不能转动模具，否则倒出来的石膏像会产生裂纹，待第一层干后，按照此方法重复2～3遍，每层进行前必须待上一层石膏完全干透后才可进行下一步操作。

（5）封底。将调好的石膏浆倒入石膏像产品中，晃动石膏像，将泡沫垫盖在石膏像底部，再将石膏像正立过来，来回晃动石膏像，让石膏像里面的石膏浆填满至石膏像底部的每个位置。

（6）脱模。待石膏凝固好后，将石膏像置于

图4-45（a）：模具铸铜雕塑，采用分解浇注的方法将铜衔接成一个整体，根据设计的图案与泥塑模型来铸模，模具制成之后即可进行雕塑，适用于造型复杂的人物雕塑。

图4-45（b）：树脂铸铜雕塑，将雕塑进行分片制作，制作完成之后将分片进行整体衔接，对铜片的表面进行着色处理。

（a）人物模具铜雕

（b）动物树脂铜雕

图4-45 铜雕

图4-46：拌浆碗用于搅拌石膏粉；夹子用于固定模具；模具用于浇注石膏像；雕刻刀用于细部的雕刻。

图4-47：在制作石膏模型时首先要掌握水与石膏粉的调配比例为1:1，先加入水再放入石膏粉，在搅拌过程中要赶出气泡，并将大的石膏块捏碎。

图4-46 石膏雕塑常用工具

图4-47 调配石膏浆

平地，拿掉夹子，从底部开始慢慢剥去模具，将底部的泡沫板拿掉，并用小刀修除底部多余的石膏。

（7）雕刻。根据设计出的模型雕刻形体（图4-48、图4-49）。

（8）模具保养。每次使用完后，应将模具洗干净，放置于阴凉干燥处，模具不可暴晒。

### 6. 不锈钢雕塑

常用工具为电动雕刻笔、电动雕刻机等（图4-50、图4-51）。

雕塑步骤为：制作泥塑小稿→将小稿等比例放大→将泥稿翻制成硬材料模具→根据模型锻造成不锈钢雕塑→对雕塑进行多次打磨→雕塑表面喷氟碳漆→安装雕塑（图4-52）。

图4-48：石膏刚好凝固且水分未完全挥发，这时石膏比较柔软，方便进行雕刻，应使用废弃钢锯片磨制刻刀，模型应棱角分明。

图4-49：应选用合适目数的砂纸进行石膏雕塑表面的打磨，应保证雕塑表面触感光滑。

图4-48 石膏雕塑雕刻

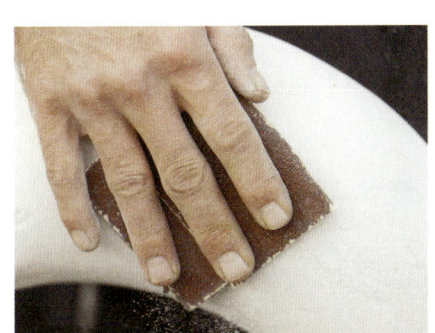
图4-49 打磨石膏雕塑

图4-50：电动雕刻笔体积小、重量轻、刻写容易、速度快，适用于金属、玉器等大部分材料表面雕刻。

图4-51：电动雕刻机是综合运用设计软件与雕刻机控制软件来雕刻板材的一种机械设备，这种设备操作比较复杂，适用于浮雕雕刻。

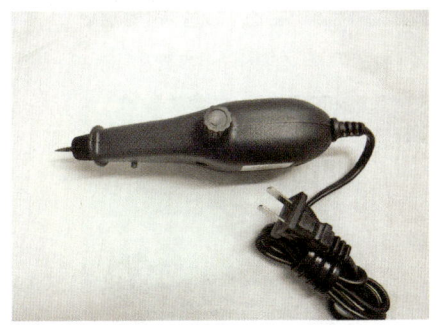
图4-50 电动雕刻笔

图4-51 电动雕刻机

图4-52（a）：不锈钢独体雕塑安装需要打好基础，在安装部位地面下制作钢筋混凝土基础，在混凝土基础中延伸出来的钢筋上焊接不锈钢基础，将主体雕塑焊接在其上。

图4-52（b）：群体雕塑是整体制作完毕后，将雕塑分单元埋入地表以下，焊接或铆接在地表下部的混凝土基础上，表面覆盖种植土。最终雕塑犹如从地底生长出来一般。

（a）独体雕塑

（b）群体雕塑

图4-52 不锈钢雕塑

### 7. 其他制作细节要点

（1）做好必要的考察。主要包括考察自然环境、人文环境、商业环境、交通环境、园林环境等，并分析这些环境对雕塑的具体需求（图4-53）。

（2）进行构思讨论。构思讨论雕塑的主题、内容、材料、色彩、尺度、位置、朝向、表现手法、风格等。雕塑的内容要能体现文化内涵。雕塑的材料与色彩要与所处环境相融合，要具备功能性与观赏性。

（3）制作表现方案。表现方案主要包括草图、效果图、模型等。草图以线为主，附以简单的颜色或加强轮廓，主要表现雕塑设计前期阶段的想法。效果图包括手绘效果图与电脑效果图，前者艺术气息较浓，画面较自由活泼、生动、富有感染力。

（4）放大制作。整个放大制作阶段需小心谨慎，完成后要注意维护。以金属雕塑为例，如果因保养不当导致金属雕塑作品出现锈蚀损坏，可使用较简单金属刀具修补、打磨、补漆。

（a）自然环境下的雕塑

（b）广场环境下的雕塑

（c）商业环境下的雕塑

（d）交通枢纽环境下的雕塑

（e）园林环境下的雕塑

图4-53 不同环境下的雕塑

图4-53（a）：自然环境下雕塑的尺度应契合它所安放的位置四周的环境。

图4-53（b）：广场环境下的雕塑应具有一定的地域特征，要有立体感。

图4-53（c）：商业环境下的雕塑要能吸引游览者的注意，要具备创意性。

图4-53（d）：交通枢纽环境下的雕塑要具有较好的艺术效果，尺度不可过小。

图4-53（e）：园林环境下的雕塑要具有主题性，与园林环境互为衬托，相得益彰。

> **— 补充要点 —**
>
> **保养铜雕的4种方法**
>
> 1. 氧化银法。用氧化银与氧化亚铜接触,封闭氯化亚铜的暴露面,达到控制铜雕腐蚀的目的。
> 2. 苯骈三氮唑法。苯骈三氮唑是杂环化合物,与铜及其盐类能形成混合物,这种混合物能在铜合金表面生成不溶性且相当牢固的透明保护膜,从而防止水蒸气与空气污染物侵蚀铜雕。
> 3. 碱液浸泡法。将被腐蚀的铜雕置于倍半碳酸钠溶液中浸泡,使铜的氯化物逐渐转换为稳定的铜的碳酸盐,铜雕的氯离子被置换出来转入浸液中,浸液需定时更换,直至浸液中无氯离子出现为止。将器物用蒸馏水反复清洗,除去碱液,干燥后封护。碱溶液仅能将氯化物提取出来,色彩斑斓的孔雀石等腐蚀层依旧保留,但不损害铜雕的原貌。
> 4. 椰子油与蒸馏水结合方法。将少量椰子油倒在干净的软布上,进行轻轻擦拭,有助于铜雕自身保养,定期用软布蘸上蒸馏水进行铜的擦拭,也可以在蒸馏水中加入一些温和的肥皂进行污垢清洗,对于一些无法擦拭的角落可以使用软毛刷进行处理。

## 4.3 园林景观雕塑案例解析

### 4.3.1 公园纪念雕塑

**1. "肉搏"雕塑**

该"肉搏"雕塑由水泥制作而成,能长期经受风吹雨淋,寿命极长,且耐腐蚀,耐水性也很好,水泥表面粗糙的质感与厚重的形态也能更好地表现出历史的沧桑感(图4-54)。

(a)雕塑正面

(b)雕塑材质

(c)手持白刃的士兵

图4-54 "肉搏"雕塑

（d）士兵与敌人肉搏

（e）悲痛愤怒的士兵

（f）倒下的敌人

（g）视死如归的士兵

（h）满目疮痍的战场

图4-54 "肉搏"雕塑（续）

图4-54：该雕塑作品为纪念型雕塑，主要内容为手持白刃的士兵与装备充足的敌人肉搏的场景，位于雕塑最高点的士兵手持白刃，愤怒地喊着口号，带领士兵们前进，另一名士兵则挥刀斩向敌人。雕塑还包括战亡的士兵，他的战友抱着他满是伤痕的身躯，眼神悲痛又充满斗志，誓要为战友报仇，士兵们凌乱的衣服、散落的兵器，都在叙说着这场战争的激烈程度。

2．"奔赴前线"雕塑

"奔赴前线"雕塑作品展现了抗日战争时期，士兵们与家属离别的场景，该组雕塑以众多士兵的坚毅神态体现了人们奔赴前线时的爱国之情，同时以亲人的柔情来深化雕塑的主题（图4-55）。

3．"万众一心"雕塑

"万众一心"雕塑作品也属于抗日战争纪念性雕塑，它采用浮雕的形式来表现其深厚的内涵，石材基座为船的样式，所有人的肢体动作都是向前行进，很好地体现了"万众一心"的主题（图4-56）。

（a）群雕正面

（b）群雕侧面

（c）雕塑背面

图4-55 "奔赴前线"雕塑

(d）举枪的士兵

(e）拉车的士兵

(f）喊口号的士兵

(g）送行的亲属

(h）不舍的士兵

(i）坚毅的士兵

图4-55 "奔赴前线"雕塑（续）

图4-55：该雕塑最高点为一名士兵，手举一把枪，神情坚毅；前面的士兵拉着装有物资的车，咬牙前行；另一名士兵喊着口号。士兵们后面是送行的家属，母亲蹒跚瘦弱的身躯牵挂着儿女，妻子的心紧系着爱人，担忧的眼神夹杂着自豪，士兵不舍地回头，但身体毅然前行，雕塑中人物神情的刻画非常生动。

(a）基座为船的样式

(b）举着国旗的士兵们

(c）工人群体

(d）士兵家属

(e）学生群体与商人

(f）社会各界人士

图4-56 "万众一心"雕塑

　　　　（g）戏曲家　　　　　　　　　（h）知识分子　　　　　　　（i）推动人们前行

图4-56　"万众一心"雕塑（续）

图4-56：该雕塑基座是船的样式，船的最前方是举着国旗的士兵们，带领着人们前进，生动的肢体动作，表现了士兵们不惧死亡的决心；士兵们后面是为战事提供劳力的工人群体，有了他们的协助，士兵们才能有充足的补给；工人们后面是家属，他们的支持能给工人、战士心灵的慰藉；家属后面是学生群体与商人，学生们推动人们的爱国情绪，商人们提供了抗战的经济基础；学生与商人之后是社会各界人士，包括戏曲家、报童、僧人、残障人士等，他们都在以自己的满腔热血支持抗日，保护国土；最后处于船尾的是凸出来的官方人士，推动着人们前行。

## 4.3.2　公园有氧运动群雕

　　公园内的雕塑更注重开放性以及与群众的互动性，单车雕塑多样的颜色，以同样的造型呈线形分布在道路两旁，错落有致，能很好地吸引公众的注意力（图4-57、图4-58）。

　　（a）单车雕塑群组　　　　　　　（b）红色单车　　　　　　　　（c）黄色单车

图4-57　单车雕塑

图4-57：单车形象比较抽象，线条流畅，极具亲和力，这种抽象的作品虽然不刻画细节，但表达了鲜明的主题，从这组雕塑作品中，公众能够感知到运动的魅力。

（a）五彩人物雕塑群组　　　　（b）黄色人物雕塑　　　　（c）红色人物雕塑

图4-58　人物雕塑

图4-58：在单车雕塑群的另一边，还有一组雕塑以跑步为主题，这组雕塑颜色鲜艳多样，奔跑的姿势各异，代表不同的人群，人物造型同样被简化，主要表达人们跑步时的状态，充满朝气与活力。

### 本章小结

雕塑是人类历史上最伟大的艺术形式之一，是能够承受住岁月洗礼并承载文化意蕴的造型艺术。在雕塑设计过程中，要明确雕塑存在的意义，明确雕塑的类型，明确不同材料雕塑的优缺点，并积极运用新技术，吸收新创意，使雕塑更具审美价值。

### 课后练习

1. 简述雕塑存在的意义。
2. 雕塑设计有哪些特征？
3. 雕塑主要可分为哪几类？请详细说明。
4. 雕塑设计时应遵循哪些要求？
5. 雕塑的基础形态如何表现？
6. 正负空间与色彩对雕塑有什么影响？
7. 什么因素会影响雕塑的尺度变化？
8. 雕塑因材料的不同，制作方式有何不同？请举例说明。
9. 课后查阅国内外著名雕塑家的雕塑作品，简述其作品特点与理念。
10. 尝试构思设计一件革命战争题材雕塑作品，并阐述如何通过材料、尺度、色彩、造型等元素来表现作品的设计主题与设计意义。

# 第5章 园林景观绿化设计

识读难度：★★★★☆
重点概念：植物配置、绿化搭配、立体绿化

> **章节导读**
> 园林景观绿化具备自然性，能给公众带来愉悦。绿化设计可以陶冶公众情操，美化环境，能满足公众精神需求。设计走向生态化，从多方面体现出以人为本的理念。本章主要讲解绿化设计要点，并进行绿化案例分析。

## 5.1 绿化设计基础

### 5.1.1 绿化设计概念

园林景观绿化是采用园林艺术与工程技术方法，结合文化与审美，进行植物栽培和布置。绿化由各种植物构成，绿植高低参差多变，疏密相间，使环境具有生动感（图5-1）。

### 5.1.2 绿化规划设计

1. 人流动线规划

人流动线规划是指人群步行道路规划，通常多设计为环形、S形，平面布置多为曲线，并错落有致，能达到移步换景、层次深远的景观效果（图5-2）。

(a) 乔灌木绿化

(b) 草坪绿化

图5-1 具备艺术性的园林景观绿化

图5-1（a）：乔木自然生长，形成茂密的自由形态，所搭配的灌木经过修剪后具有强烈的规则感，与乔木形成对比。

图5-1（b）：经过修剪后的草坪，与混凝土制作的分隔带搭配在一起，形成较明显的装饰对比。

(a) 环形路线

(b) S形路线

图5-2 人流动线

图5-2（a）：环形路线围绕主体景观、建筑周边，引导人从多方位关注主要景点，突出园林景观中的重点。

图5-2（b）：S形路线能引导人不断前行，通过路的引导，能将景区中的主要景色，逐一展现在游览者眼前。

### 2. 风景视线规划

风景视线规划主要有全露、半藏半露、全隐藏几种形式，能丰富园林景观中的景点观赏效果（图5-3～图5-5）。

图5-3　全露风景视线　　　　　　　图5-4　半藏半露风景视线　　　　　　图5-5　全隐藏风景视线

图5-3：全露风景视线多用于纪念景区、景观中，人能在远处对主要景点一览无余，绿化多以草坪为主，无较大乔木、灌木遮挡。

图5-4：半藏半露风景视线多用于山地丛林地带，主景在导游线上时隐时现，周边布置高低错落多种乔木，形成部分遮挡的视觉效果。

图5-5：全隐藏风景视线将景区、景点掩映在山峦丛林中，从远处看，只能看见景点一小部分，绿植在山坡地形上种植，对主体景点遮挡较大。

---

**— 补充要点 —**

**园林绿化设计注意事项**

园林绿化景观的出彩程度，决定了园区的品质，其中花境和绿丘是设计的核心。

1. 花境的设计。绿植花卉种类丰富，包括高茎、阔叶、灌木、观赏草、开花植物；花境并没有统一形状标准，可根据地形采用块状、曲线状、带状等，色彩和谐、层次鲜明。

2. 绿丘的设计。要注意与自然风景和谐的效果，合理地设计绿丘的高度、起伏感，让绿丘具备格调和地标性。

园林绿化设计不能只注重视觉上的宏伟、气派等形式美，还需多考虑日后管理成本，与当地环境和谐统一，不破坏整体生态环境。注重植物配置的多样性，在设计图纸中要注明园林植物的种类与规格。

---

## 5.2　绿化设计方法

### 5.2.1　常见绿化植物

**1. 常见乔木**

乔木指树身高大，有直立树干，且树干与树冠有明显区分的植物，根据高度的不同可将乔木分为伟乔木（高度>31m）、大乔木（高度为21~30m）、中乔木（高度为11~20m）、小乔木（高度为6~10m）。园林景观绿化设计中常见的乔木具体如表5-1所示。

表5-1　　　　　　　　　　　　　　　　　常见乔木

## 一、常绿乔木（终年具有绿叶且株型较大的木本植物）

| 类别 | 图例 | 说明 | 类别 | 图例 | 说明 |
|---|---|---|---|---|---|
| 广玉兰 | | 喜温湿，抗寒，适于干燥、肥沃、湿润与排水良好的酸性或中性土壤，可净化空气 | 云杉 | | 耐阴、耐寒、喜凉爽、湿润，适于肥沃、排水良好的微酸性沙质土壤，属浅根性树种 |
| 雪松 | | 树体高大，植于草坪中央、建筑前庭中心、广场中心、园门入口等处，有较强的防尘、减噪与杀菌能力 | 大叶女贞 | | 枝叶清秀、适应性强、喜光，喜温暖湿润气候、稍耐寒，不耐干旱、瘠薄，适于肥沃、湿润的微酸性至微碱性土壤 |
| 棕榈树 | | 喜温暖湿润气候，喜光，耐寒，适于排水良好、湿润肥沃的中性、石灰性或微酸性土壤，耐轻盐碱、易风倒、生长慢 | 酸角树 | | 树体强壮，枝条柔软，适于在干旱热带草原与排水良好的季风区生长，主干短，树冠开展呈伞形，观赏价值高 |
| 冬青 | | 喜温暖气候，有一定耐寒力，适于肥沃湿润、排水良好的酸性土壤，可在草坪上孤植，门庭、墙际、园道两侧列植 | 香樟树 | | 喜光，喜温暖湿润气候，耐寒性不强，适于砂壤土，较耐水湿，不耐干旱、瘠薄、盐碱土，可用于庭荫树、行道树等 |
| 红皮云杉 | | 喜空气湿度大、土壤肥沃而排水良好的环境，耐阴、耐寒、耐干旱，生长较快，可作主要造林与庭园树种 | 侧柏 | | 喜光，在酸性、中性、石灰性、轻盐碱土壤中均可生长，耐干旱瘠薄，耐寒力中等，耐强太阳光照射 |

## 二、落叶乔木（每年秋冬季节或干旱季节叶全部脱落的乔木）

| 类别 | 图例 | 说明 | 类别 | 图例 | 说明 |
|---|---|---|---|---|---|
| 银杏树 | | 喜光，能生于酸性土壤pH4.5、石灰性土壤pH8及中性土壤中，但不耐盐碱土或过湿土壤 | 梧桐树 | | 喜光，适于肥沃、湿润的砂质土，根呈肉质、不耐水渍，植根粗壮、萌芽力弱，不宜修剪，常用作园林观赏植物 |

续表

| 二、落叶乔木（每年秋冬季节或干旱季节叶全部脱落的乔木） ||||||
|---|---|---|---|---|---|
| 类别 | 图例 | 说明 | 类别 | 图例 | 说明 |
| 梨树 | | 喜光果树，年需日照1600～1700h，适于土层深厚，土质疏松，透水、保水性好，地下水位低的沙质壤土 | 白杨树 | | 性喜光，不耐阴，耐严寒，耐干旱气候，但不耐湿热，可作庭荫树、行道树，既可丛植于草坪，还可作固沙、保土、护岸固堤与荒沙造林树种 |
| 国槐 | | 树皮灰褐色，具纵裂纹，多用作行道树，适于公园、建筑四周、街坊住宅区或草坪上种植 | 青檀树 | | 阳性树种，喜光，耐盐碱、耐土壤瘠薄，耐旱、耐寒、不耐水湿，可作为行道树栽植 |
| 核桃树 | | 树冠广阔，适于土壤深厚、疏松、肥沃、湿润，气候温暖凉爽的生态环境 | 合欢树 | | 喜温暖湿润、阳光充足的环境，宜生长于排水良好、肥沃的土壤，不耐水涝，可用作园景树、行道树、生态保护树等 |
| 白桦 | | 喜光，生命力强，树干修直，洁白雅致，常孤植、丛植于庭园、公园的草坪、池畔、湖滨，或列植于道路旁 | 楝树 | | 性喜温暖，适于深厚、肥沃、湿润的土壤中生长，可作庭荫树与行道树，可在草坪中孤植、丛植，也可种植于水边、山坡、墙角等处 |

---

### 补充要点

**乔木的移植方法**

1. 掘苗。对于胸径40～100mm的乔木，可在春季新芽萌动前或秋季落叶后，在地面以胸径的8～10倍为直径画圆断侧根，在侧根以下400～500mm处切断主根，打碎土球，将植株顺风向斜植于假植地，保持土壤湿润。

2. 挖穴。根据胸径大小确定栽植穴直径，土质疏松肥沃的可小些，土质以石砾杂土为主的应大些，但最小也要比根盘的直径大250mm，深则不小于600mm。

3. 定植。在穴中先填厚200～250mm的松土，将苗木直立于穴中，使基部下沉100mm，以求稳固，在四周均匀填土，填至距地面100mm时开始做堰，堰高不低于300mm，并设临时支架防风。

4. 浇水。定植后应及时浇水至满堰，第3日再浇第2次水，第7日浇第3次水，水下渗后封堰。天气过于干燥时，过10～15天仍需开堰浇水后封口。

5. 修剪。掘苗后进行，有主导枝的树种，如杨树、银杏、杜仲等，只将侧枝短截至200～300mm，无主导枝的树种，如国槐、刺槐、泡桐等，由地面以上2500～2800mm处截干，促生分枝。

## 2. 常见灌木

灌木指没有明显主干,丛生且树形矮小的植物,高度为3m以下,分为常绿灌木与落叶灌木,园林景观绿化中常见的灌木具体见表5-2。

表5-2　　常见灌木

| 一、常绿灌木(终年具有绿叶且株型矮小的木本植物) ||||||
|---|---|---|---|---|---|
| 类别 | 图例 | 说明 | 类别 | 图例 | 说明 |
| 栀子花 |  | 喜光,忌强光暴晒,适于疏松肥沃、排水良好的酸性土壤,适植于阶前、池畔或路旁 | 红花檵木 |  | 喜温暖、喜光、稍耐阴、耐旱、耐寒冷、耐修剪、耐瘠薄,适于肥沃、湿润的微酸性土壤 |
| 金边黄杨 |  | 叶子边缘为黄色或白色,喜温暖湿润的环境,耐干旱、耐寒,经整形后环植门道边或花坛中心 | 南天竹 |  | 喜温暖湿润的环境,较耐阴,耐寒,适于肥沃、排水良好的沙质土壤,可野生于疏林、灌木丛中,也可栽于庭园中 |
| 金叶女贞 |  | 性喜光,稍耐阴,较耐寒,不耐高温高湿,适于疏松、肥沃、透气性较好的沙壤土,可组成图案或建造绿篱 | 八角金盘 |  | 喜温暖湿润的气候,耐阴,不耐干旱,有一定耐寒力,宜种植在排水良好、湿润的砂质壤土中,可点缀在溪流旁,或成片群植于草坪边缘或林地 |
| 金丝桃 |  | 花色金黄,花叶秀丽,可种植于林荫树下,或庭院角落 | 石楠 |  | 喜光、稍耐阴,喜温暖湿润的气候,适于肥沃、湿润、土层深厚、排水良好、微酸性的砂质土壤,可作庭荫树或建造绿篱 |
| 龟甲冬青 |  | 喜光,耐阴,较耐寒,喜温暖湿润气候,适于湿润、肥沃的微酸性黄土或中性土壤,多作为地被树成片栽植,或植于花坛、树坛中 | 黄杨 |  | 耐阴、喜光,喜肥沃松散的壤土,微酸性土或微碱性土均能适应,可作绿篱、大型花坛镶边,修剪成球形或其他整形栽培 |
| 二、落叶灌木(常在基部发出多个枝干的木本植物) ||||||
| 类别 | 图例 | 说明 | 类别 | 图例 | 说明 |
| 牡丹 |  | 喜光、耐寒、耐干旱,适于疏松肥沃、排水良好的中性沙壤土,多以规则式、自然式、花台式等形式布置 | 月季 |  | 耐寒,四季开花,适于美化庭院、装点园林、布置花坛、配植花篱或花架等,栽培容易 |

续表

| 二、落叶灌木（常在基部发出多个枝干的木本植物） ||||||
|---|---|---|---|---|---|
| 类别 | 图例 | 说明 | 类别 | 图例 | 说明 |
| 紫荆 | | 性喜光，较耐寒，喜肥沃、排水良好的土壤，不耐湿，耐修剪，宜栽于庭院中、草坪边、岩石旁、建筑物前，观赏效果较好 | 紫玉兰 | | 喜温暖湿润、阳光充足的环境，较耐寒，不耐旱、不耐盐碱，适于肥沃、排水良好的沙壤土，可孤植或散植于庭院内 |
| 迎春 | | 性喜光、稍耐阴、略耐寒、怕涝，喜温暖湿润的气候，适于疏松肥沃、排水良好的沙质土，在酸性土中生长旺盛 | 紫丁香 | | 性喜阳，喜湿润、排水良好的土壤，可植于建筑前、茶室凉亭周围，或散植于园路两旁、草坪之中 |
| 木槿 | | 稍耐阴、喜温暖湿润气候，耐修剪、耐热、耐寒，对土壤要求不严格，在园林中可做花篱式绿篱 | 金银忍冬 | | 喜强光，稍耐旱，较耐寒，适于微潮偏干的环境，可丛植于草坪、山坡、林缘、路边或点缀于建筑周围，观花赏果两相宜 |
| 绣球花 | | 喜温暖、湿润、半阴的环境，生长适温为18℃～28℃，冬季温度≥5℃，可配置于稀疏的树荫下或林荫道旁，或植在花篱、花境中 | 红瑞木 | | 喜潮湿温暖的环境，适于肥沃、排水通畅的土壤，在园林绿化中多丛植于草坪上或与常绿乔木相间种植 |

---

**— 补充要点 —**

**灌木移植方法**

1. 掘苗。植株高为200～300mm，土球直径为100～200mm。
2. 修剪。单干类或嫁接苗，如碧桃、榆叶梅、西府海棠，侧枝需短截；丛生类如海棠、绣线菊、天目琼花等，先不作修剪，成活后再根据实际情况整形。
3. 挖穴。穴径依株高、冠幅、根盘大小而定，比土球直径大50～100mm。

---

**3. 常见观花类植物**

观花类植物花色艳丽，花朵硕大，花形奇异，并伴有香气，园林景观绿化中常见的观花类植物具体见表5-3。

表5-3　　　　　　　　　　　　　　　　　常见观花类植物

| 一、春季观花类植物 ||||||
|---|---|---|---|---|---|
| 类别 | 图例 | 说明 | 类别 | 图例 | 说明 |
| 风信子 | | 喜阳光充足、湿润的生长环境，适于肥沃、排水良好的沙壤土，植株低矮整齐，花序端庄，花色丰富美丽 | 虞美人 | | 喜光，喜排水良好、肥沃的沙壤土，不耐移栽，适于花坛、花境栽植，也可盆栽或作切花用 |
| 杜鹃花 | | 花色繁茂艳丽，枝繁叶茂，耐修剪，在林缘、溪边、池畔及岩石旁成丛成片栽植，也可在疏林下散植 | 郁金香 | | 花单朵顶生，花卉刚劲挺拔，叶色素雅秀丽，可在林缘、溪边、池畔及岩石旁成丛成片栽植 |
| 二、夏季观花类植物 ||||||
| 类别 | 图例 | 说明 | 类别 | 图例 | 说明 |
| 荷花 | | 莲属多年生水生草本花卉，植栽于池塘或大小湖泊中，可作为盆栽小品 | 牵牛花 | | 外形酷似喇叭状，颜色有蓝、绯红、桃红、紫等多种，亦有混色的，花瓣边缘变化较多，可丛植 |
| 美人蕉 | | 喜温暖，不耐寒，适于疏松肥沃、排水良好的沙土壤或肥沃黏质土壤中，可盆栽或地栽 | 紫薇花 | | 花色鲜艳美丽，花期长，可栽植于建筑物前、池畔、河边、草坪旁或小径两旁，也可作为盆景小品存在 |
| 石竹 | | 耐寒、耐干旱，不耐酷暑，喜阳光充足、干燥、通风、凉爽湿润的气候，适于肥沃、疏松、排水良好、含石灰质的壤土或沙质壤土，可用于花坛、花境、花台或盆栽，也可用于岩石园或草坪边缘点缀 ||||
| 三、秋季观花类植物 ||||||
| 类别 | 图例 | 说明 | 类别 | 图例 | 说明 |
| 菊花 | | 生长旺盛，便于制作各种造型，组成菊塔、菊桥、菊篱、菊亭、菊门、菊球等精美造型 | 茶花 | | 喜温暖湿润的环境，可孤植或丛植于花坛、绿带或湖泊旁等，也可组合在其他植物中 |

续表

| 三、秋季观花类植物 ||||||
|---|---|---|---|---|---|
| 类别 | 图例 | 说明 | 类别 | 图例 | 说明 |
| 一串红 |  | 花为轮伞状，花序2~6花，花色呈红色且先端渐尖，10月开花，具有国庆节的喜庆感 | 木芙蓉 |  | 喜温暖、湿润环境，不耐寒，忌干旱，耐水湿，对土壤要求不高，可孤植、丛植于墙边、路旁、厅前等处，也可配植于水滨旁 |
| 桂花 |  | 喜温暖，抗逆性强，耐高温，较耐寒，在全光照下其枝叶生长茂盛，开花繁密，在阴处生长则枝叶稀疏、花稀少，可孤植、丛植于墙边、路旁、厅前等处，或配植于水滨旁 ||||

| 四、冬季观花类植物 ||||||
|---|---|---|---|---|---|
| 类别 | 图例 | 说明 | 类别 | 图例 | 说明 |
| 腊梅 |  | 喜阳光，略耐阴、较耐寒、耐旱，对土质要求不严，以排水良好的轻壤土为宜，可孤植、丛植于墙边、路旁、厅前等处 | 君子兰 |  | 多年生草本植物，忌强光，喜凉爽，忌高温，可作为盆景小品 |
| 仙客来 |  | 多年生草本植物，喜温暖，怕炎热，较耐寒，适于凉爽的环境与富含腐殖质的肥沃沙质壤土 | 一品红 |  | 喜阳光，花色鲜艳，花期长，需要水分供应充足，可作盆景小品，南方暖地可露地栽培，也可丛植于路旁 |

### 4. 水生植物

水生植物是能在水中自由生长的植物，其叶片柔软、透明，可将其分为挺水植物、浮叶植物、沉水植物与漂浮植物几类。

挺水植物指植物的根、根茎等生长于水底泥土中，茎、叶挺出水面，多生长于浅水区，如蒲草、香蒲、芦等；浮叶植物的叶片浮在水面上，根生长于水底泥土中，多生长于浅水区，如莲、水莲等；沉水植物指全部生长于水面以下的植物，通气组织发达，叶子多为带状或丝状，如苦草、金鱼藻等；漂浮植物是整个植物体漂浮在水面上，以观叶为主，如浮萍、凤眼莲等（图5-6）。

### 5. 草坪植被

园林景观绿化中的草坪植被多为禾本科植物，如早熟禾草坪草、结缕草、果岭草、剪股颖等，具有发达的匍匐茎，扩展性较强，能迅速覆盖地面；生长势强、繁殖快、再生力强，耐践踏，便于修剪；叶片多，具有较好的弹性，加上良好的柔软度、色泽等能给人十分舒适的感觉（图5-7）。

图5-6（a）：水葱生长在湖边或浅水塘中，根茎粗，有许多的须根，以直立状呈现，常在园林景观绿化中作观赏用。

图5-6（b）：香蒲生于湖泊、池塘、沟渠、沼泽与河流缓流带，根茎为乳白色，从下至上逐渐细长，叶片呈条形，常用于点缀园林水池、湖畔，构筑水景。

图5-6（c）：睡莲是多年生水生草本植物，根茎肥厚，叶片呈椭圆形，浮生于水面，全缘，叶表面浓绿，背面暗紫，能有效净化湖泊水质。

图5-6（d）：王莲拥有巨型奇特似盘的叶片，花色多变，香味浓厚，可与荷花、睡莲等水生植物搭配组成美观、独特的水体景观。

（a）水葱

（b）香蒲

（c）睡莲

（d）王莲

图5-6　水生植物

图5-7（a）：自然式草坪生长速度不一，植被较厚，可供踩踏、行走，适用于开阔的自然地形环境中。

图5-7（b）：规则式草坪搭配地面铺装材料，能有效减少尘土飞扬，防止水土流失，缓和阳光辐射，同时也可作为建筑、树木、花卉等的背景衬托，形成清新、和谐的景色。

（a）自然式草坪

（b）规则式草坪

图5-7　草坪植被

## 5.2.2　灵活配置绿化植物

在进行园林景观绿化设计时，必须从植物特性出发，结合园林景观环境进行科学配置。

### 1. 考虑植物的生存条件

配置植物时，气候、光照、水分、土壤、空气等均会影响植物的生长。

（1）气候、气温。考虑植物的耐寒性与耐热性，根据植物的生长环境选择合适的植物植被，同时考虑地势的湿度与风向等因素，并根据当地年降水量选择适宜生长的植物（图5-8）。

（2）日照量与方位。阳光充足区域布置喜光植物，如月季、向日葵、紫薇等，这些植物在阳光下生长良好，花色鲜艳，具有较高的观赏价值。半阴半阳区域布置半阴植物，如红枫、银杏、桂花等，这些植物既能适应阳光，也具有一定的耐阴性，具有较高的观赏价值。阴凉区域布置耐阴植物，如蕨类、兰科植物、爬山虎等，这些植物在阴凉环境中生长良好，能营造出宁静、优雅的氛围（图5-9）。

（3）植栽搭配。配置绿植要保证阳光照射并通风良好，植栽不可太密集，密度过高则枝叶会交错在一起，导致空气滞留，从而伤害植物本身。植栽地形不宜太平坦，加上高、中、低不同高度的植物组合搭配，更富有层次变化（图5-10）。

（4）土壤。土壤具有适度的渗水性与保湿性，根据绿植的特性来选择合适的土壤，还可对土壤进行改良，使土壤更适合绿植生长（图5-11）。

图5-8（a）：海南省气候类型为热带季风气候，由冬、夏季风交替控制，全年高温，雨季集中在夏季，椰子树与棕榈树很适宜生长在此。

图5-8（b）：香樟树是温带与亚热带气候地区的主要园林景观树木，适宜长江中下游与淮河流域地区种植，枝叶能被修剪为多种形态，具有强烈的装饰效果。

（a）椰子树

（b）香樟树

图5-8　不同气候条件下的绿植

图5-9（a）：大部分阔叶树都是喜阳的，如松、杉、杨、柳、槐等树种，具有良好的遮阴效果，对日照的需求较高，种植在开阔无遮挡的园林中。

图5-9（b）：低矮的灌木大多喜阴，如紫叶小檗，常种植在建筑之间的院落中。

（a）喜阳植物设计

（b）喜阴植物设计

图5-9　不同日照条件下的绿植

图5-10（a）：在前部栽植低矮树木，依次渐高地搭配植物，不仅能保证通风良好，还能做出层次明显的绿化坡度，绿化的立体效果也会更好。

图5-10（b）：在人工坡地上种植，能轻松塑造出丰富的绿化植被层次，让低矮的灌木显得高大。

（a）多层次搭配

（b）斜坡种植

图5-10　富有层次感的绿化

图5-11（a）：如果土壤排水不良，可增设雨水沟将水引至排水沟中，或做成花坛式围合来解决排水问题。

图5-11（b）：为了避免土壤表面的水分快速流失，可在土壤表面铺装装饰卵石，减少水分蒸发，起到保湿的目的。

（a）引导排水设计　　　　　　（b）减少水分蒸发的设计

图5-11　绿化排水设计

不同土壤的改良方法：

①黏土的改良。黏土有较好的保湿性与保肥性，但渗水性差，可掺入有机改良的腐叶土、树皮堆积肥、泥煤苔、珍珠岩、砂石等来改善其渗水功能。

②砂土的改良。砂质土壤由于渗水性过强，保肥能力较低，为提高渗水与保肥能力，可在其中掺入黑土、腐烂树叶、树皮堆肥、泥煤苔等充分混拌。

---

### 补充要点

#### 土壤辨别

优质土壤用铁铲就能轻松铲挖，附在铁铲上的土会很快滑落，用手轻握，土会立即松散。劣质土壤浅层多会有很多瓦砾、石块等。如果挖土的铁铲上沾满泥土，且需用力才能刮掉，这种不松散的团状土壤就属于排水不良的黏质土，这种土壤渗水较差，会散发出异味。

---

### 2. 合理进行植物配置

绿植主要有规则式配置与自然式配置两种形式，规则式配置强调排列整齐、对称，有一定株行距，整体设计给人庄重、肃穆感；自然式配置强调变化，没有固定的株行距，只将同种与不同种的树木进行孤植、丛植、群植，具有活泼、愉快的自然趣味，这种绿化配置只能作配景使用，可布置在景区建筑入口两旁、桥头两旁（表5-4）。

表5-4 　　　　　　　　　　　　　　　绿植配置形式

## 一、规则式配置

| 类别 | 图例 | 说明 | 类别 | 图例 | 说明 |
|---|---|---|---|---|---|
| 中心配置 | | 在对称轴线的相交点植栽绿植，或在几何形花坛、广场的中心处栽植，多选树形高大、外形较为规整的树种 | 对称配置 | | 两株或两列树按一定轴线关系作相互对称或均衡种植，多选用品种、体形大小、株距一致的常绿乔木或灌木 |
| 单行列植 | | 用一种树种组成，或用两种树种间植搭配而成 | 双行列植 | | 重复单行列植 |
| 多行叠植 | | 多行树木的种植点错开或部分重叠，多用于绿篱的种植，可用来分割、组织空间 | 分层配置 | | 将乔木、灌木、草地以不同高度分层配置，前不掩后，可使花期互相衔接、相互衬托，可起到防护、隔离的作用 |
| 象形配置 | | 搭配不同色彩的观叶植物或花叶兼美的植物，在规则植床内组成复杂、华丽的图案纹样，植床多采用简单的几何轮廓，可用于平地或斜坡上 | 片植 | | 在边框整齐的几何形植床内，成片种植同一种植物，如成行、成排种植防护林、竹林、花卉、草坪植物等 |

## 二、自然式配置

| 类别 | 图例 | 说明 | 类别 | 图例 | 说明 |
|---|---|---|---|---|---|
| 孤植 | | 乔木单体孤立种植，作为主景，外观上要挺拔繁茂，周围要求有一定的空间，要有适宜视距 | 对植 | | 不对称栽植，在轴线两边栽植，树种、体形、大小完全不一样，在重量感上保持均衡状态 |
| 丛植 | | 由两株到十几株乔木组合种植，群体美与个体美兼具 | 群植 | | 大量乔木、灌木组合植栽，群植所需面积大，能分隔园林空间，增加层次，达到防护与隔离的作用 |

## 5.2.3 合理搭配绿化色彩

以植物与自然材料色彩为基调,添加花卉、设施,可分为色调调和型、相似色调和型、色相调和型三种。色调调和型用于营造柔和、沉稳的景致,花、叶的色彩在色调上达到统一;相似色调和型通过相邻颜色的搭配组合来达到色彩协调;色相调和型用于明快的紫色环境中,以相似色与互补色为根据进行色彩搭配(图5-12~图5-14)。

## 5.2.4 绿化设计方法

绿化设计区域需要单独设计,在设计时要考虑整体协调。

### 1. 遵循绿化布局原则

园林景观绿化设计能使园林获得生态效益、社会效益与经济效益,遵循隔离、防护、净化的原则(图5-15~图5-18)。

图5-12 浅色调花卉植栽

图5-13 相似色调花卉植栽

图5-14 互补色系花卉植栽

图5-12:选用色彩调和的方法来表现柔和感时,花卉可以用白色、淡紫色、粉色为主色调进行统一,即使增加花的数量也不会显得沉重。

图5-13:黄色与橘色、红色、粉色搭配是相似色调和型的典型,不用较浓的色调,以浅色调为主,能营造出清爽的感觉。

图5-14:色相调和型的配色以互补色花卉来获取视觉效果,颜色较重的花卉在视觉上能给人热烈感,能酝酿出愉快的氛围。

图5-15 网络规划布局

图5-15:充分发挥生态效益,将园林分割成不同区域,并使不同区域的绿地能相互连接。

图5-16 合理布局规划

图5-16:园林能便于公众使用,中岛式广场能汇集周边的人,提升园林绿化的使用效率。

图5-17 绿化隔离带

图5-17：绿化能够净化空气，有效隔绝大气污染源、噪声源等，可在园林中设置防护绿地或绿化带，以起到隔离、保护作用。

图5-18 因地制宜的绿地景观

图5-18：绿化设计应结合建筑区域规划，在停车场与建筑之间形成分隔，绿化系统融科学性与艺术性于一体。

### 2. 熟悉绿化造景方法

绿化造景是通过分析园林地形、环境、人流量等信息，创造出具有一定观赏价值的绿化景观。

（1）借势造景。树木本身没有固定的形态，可以利用树木的形态特征塑造出景观造型（图5-19）。

（2）遮挡。采用绿篱、针叶树类植物进行遮挡，遮挡的目的在于平衡绿植的尺度感，凸显视觉效果（图5-20）。

（3）若隐若现。在道路两旁混植植物，设置正面景观树作为引导，使绿化景观出现若隐若现的视觉效果，使园林绿化景观充满神秘感（图5-21）。

（4）隔景。利用绿植对不同功能的空间进行分隔，运用矮木、灌木、草丛等植物形成多层次隔景，将绿植按照一定序列栽植，植栽间距应自由、宽松，不应有呆板感（图5-22）。

（5）绿篱。指由灌木或小乔木密植而形成的

图5-19 绿植的正反面

图5-19：将植物完美的姿态展露在观赏者视线中，柳树的垂挂形态为主要采光方向，柳枝密集成型，具有遮阳功能。

图5-20 遮挡视线

图5-20：在冬季栽植常绿树木，并在其前种上开花类树木来引开观者的视线，注意遮挡不宜过于明显。

图5-21 若隐若现

图5-22 地被植物隔景

图5-21：在道路边界利用针叶树与落叶树的混合搭配，营造出若隐若现的感觉。

图5-22：隔景既能划分空间，又能通过植被组合进行装饰造型。

---

### 补充要点

#### 行道树

行道树选择标准是生命力强健、便于管理，花、果、枝叶无不良气味，能适应当地生长环境，移植时成活率高，生长迅速。行道树能适应粗放管理，对土壤、水分、肥料要求不高，耐修剪，病虫害少，抗性强，树干端直、分枝点较高，冠大荫浓，树冠优美、株形整齐。最好的行道树叶片秋季变色，冬季可观树形、赏枝干。我国各地选用的行道树主要有水杉、云杉、木瓜、垂柳、合欢、雪松等。

---

篱垣，高度为0.2~1.5m，用作绿篱的树种多是耐修剪、多分枝、生长较慢的常绿树种，如杜松、女贞、圆柏、黄杨、木槿等。绿篱有组成边界、围合空间等作用（图5-23）。

图5-23（a）：绿篱能引导通行，保护人工草坪植被。

图5-23（b）：绿篱能环绕景观造型，形成景观视觉中心，在绿篱两侧可栽植绿荫大乔木，以减少日光暴晒。

（a）引导通行

（b）环绕造景

图5-23 绿篱设计

## 5.2.5 立体绿化设计

立体绿化指除平面绿化以外的绿化,它能有效丰富园林绿化的空间结构层次。

**1. 墙体垂直绿化**

墙体垂直绿化中使用的常绿植物有钩吻藤、铁线莲、常春藤、洋常春藤、爬山虎、凌霄等。这些品种生命力较顽强,可直接扎根于瓷砖墙体内生长(图5-24)。

东南向墙面种植喜阳的攀缘植物;北向墙面栽植耐阴或半耐阴的攀缘植物。高大建筑物北面或高大乔木下,且遮阴程度较大的地方宜种植攀缘植物。确保墙面垂直绿化能够在色彩、形式上保持一致,以便实现品种丰富、形式多样的综合效果。通常攀缘植物可通过点缀式、花境式、整齐式、悬挂式、垂吊式等形式来造景(图5-25~图5-29)。

**2. 挡土墙、护坡绿化**

挡土墙、河道护坡上可进行绿化,能美化环境,保护园林,应结合周边的建筑物与景观风格特点,选用与园林景观相协调、风格统一的设计手法(图5-30)。

图5-24(a):将多种盆栽绿植组合摆放在墙面支架上,形成穿插错落的色彩搭配效果,同时便于浇灌,这种垂直绿化需要定期更换,避免土壤营养消耗殆尽。

图5-24(b):攀爬类植栽墙体垂直绿化需经过多次修剪才能形成完美的视觉效果,考虑不同习性的攀缘植物对环境条件的不同需要,根据攀缘植物的观赏效果与功能进行设计。

(a)盆栽墙体垂直绿化

(b)植栽墙体垂直绿化

图5-24 墙体垂直绿化

图5-25 点缀式绿化设计

图5-25:点缀式绿化设计以观叶植物为主,点缀观花植物,从而实现色彩丰富的视觉效果。

图5-26 花境式绿化设计

图5-26:花境式绿化设计是将不同类型的植物错落配置,如观花植物中穿插观叶植物,呈现出植物株形、姿态、叶色、花期各异的视觉效果。

图5-27 整齐式绿化设计　　图5-28 悬挂式绿化设计　　图5-29 垂吊式绿化设计

图5-27：整齐式绿化表现出重复韵律美，多将植物成线、成片布置，但花期、花色会有所不同。

图5-28：悬挂式绿化是在建筑或构筑上悬挂应季花木，从而达到丰富的色彩效果，增加立体美，绿植布置应简洁、灵活、多样。

图5-29：垂吊式绿化设计主要是在棚架顶、墙顶处放置种植槽，种植花色艳丽的植物，让枝蔓垂吊于外。

图5-30（a）：挡土墙是利用石料垒砌，石料缝隙的土壤能种植藤本蔓生植物，形成绿化装饰效果。

图5-30（b）：护坡绿化采用混凝土构筑坡筋分隔图案造型，在交错空隙种植护坡草，兼具装饰与保护双重功能。

（a）挡土墙绿化　　　　（b）护坡绿化

图5-30 挡土墙、护坡绿化

## 5.3 园林景观绿化案例解析

### 5.3.1 伦敦海德公园

**1. 背景分析**

海德公园占地160万平方米，从东南方进入有两条路线，西侧是比较宽广的骑马道，游览者可在此游乐骑马；另一条延伸到东北的街道，这里林立着各具特色、高低不同的建筑；东北边入口附近设有著名的演讲角，是游览者可以公开发表自己观点的地方。

**2. 绿化特点**

海德公园绿化覆盖率较高，该公园内设计有大片的草坪，游览者可在此处游玩、休憩，草坪周边围绕有散植的高大乔木，能为游览者提供遮阴处，且乔木彼此间的间距较宽松，植物生长不会受到影响，整体环境的通风状况也较好（图5-31）。

（a）俯视图　　　　　　　　　（b）远景　　　　　　　　　（c）近景

图5-31　阳光草坪

图5-31：海德公园的阳光草坪是著名的旅游景点，在这里可以享受大自然的阳光浴，游览者可以肆意地在这里休息玩耍，感受大自然的气息。

### 5.3.2　广州万科峰境

#### 1. 背景分析

广州万科峰境位于白云大道，该小区地理环境优越，周围多商场、公共建设设施，是广州首个全社区获得绿色三星建筑设计标识的项目（图5-32）。

#### 2. 绿化特点

万科峰境作为立体绿化园林设计的代表之一，设计除了提升住宅的视觉观感之外，还通过树叶的不同形态与整体布局来过滤空气中的有害灰尘，净化空气，改善城市热岛效应。虽然万科峰境已在白云山脚下，空气清新，但立体绿化系统能通过植物之间的竞争关系，形成更具稳定性的生态系统，从而构建社区建筑与自然环境的新型互动关系（图5-33）。

### 5.3.3　泰国Mode61公寓户外绿化

#### 1. 背景分析

Mode61公寓位于泰国曼谷，是一座独栋的现代化公寓，住宅面积有限却层次丰富、空间感十足，其户外绿化空间能够支持多种活动且保证彼此

图5-32：广州万科峰境设计的一大亮点是立体环绕式绿化建筑，整个园区将小区的绿化纵向延伸，建筑体上栽种植物，从而形成了一个具备艺术美感的"空中花园"。

图5-32　园区环境建设

（a）道路绿化　　　　　　　　　（b）台阶绿化　　　　　　　　　（c）屋顶绿化

图5-33　园区绿化

图5-33：万科峰境作为广州市住宅当中唯一的立体绿化园林设计社区，整体园林覆盖率达到70%以上，立体绿化在隔热降温、减少噪声等方面都能带给业主全新的生态体验。在绿化用水方面，水景补水全部采用传统水源，项目收集屋面雨水，可提供全年绿化浇灌、道路冲洗等；在建筑设计方面，万科峰境在下沉广场、地面、公共出挑平台、屋顶、外立面、住户阳台、屋顶花园等区域，均有绿色植物覆盖，外立面的木饰面处理与绿色外墙融合，使项目呈现出立体花园的形态。

不被打扰，同时也能满足楼上的用户朝下俯瞰时欣赏到美景（图5-34）。

### 2. 绿化特点

整个公寓的外立面被绿化包围，人们经过的地方都能看到大自然的身影，享受来自大自然的馈赠。天然石材与天然木材是硬质景观的主材，它们被精心运用而具有丰富的细节，能为用户提供一个质朴、高品质的户外空间（图5-35、图5-36）。

图5-34　平面景观布置图

图5-34：从公寓的平面图可以看出，该公寓的整体绿化为围合型绿化，且整体绿化布置十分规整，不同高度的水面、跌水、地面绿化、墙面绿化、屋顶绿化等结合在一起，使该公寓如同一个水与绿的三维剧场。

图5-35 绿化布置

图5-35：硬质景观与软质景观的搭配能有效丰富该户外空间的层次感，同时不同色彩的绿植搭配在一起，也能有效增强该户外空间绿化的艺术效果。

（a）屋顶绿化布置　　　　　（b）花箱

图5-36 泳池绿化

图5-36：利用遮挡的设计手法，将轻垂的柳枝变成天然的屏障，保护泳池隐私，这种绿化形式能给人一种若隐若现的视觉感受，并能保证使用者既能在泳池安心游玩，也能将美好的景色尽收眼底。

（a）泳池绿化鸟瞰　　　　　（b）泳池周边绿化

## 本章小结

园林景观绿化设计必须将绿地的构成元素、周围建筑的功能特点与当地的文化艺术因素等综合起来考虑，必须重视文物古迹、民间传说、名贵植物、特色建筑或山水等对绿化设计的影响，要确定园林中的重点景色，分清主次，灵活运用设计方法，以合适的布局形式将合适的绿植与园林设施融合在一起，并确保绿化色彩、质感等不会与园林内其他构筑物产生矛盾。

课后练习

1. 简述绿化设计的概念。
2. 绿化规划设计包括哪些内容？
3. 园林景观绿化中常用的植物有哪几类？这些植物有何特点？
4. 乔木、灌木如何移植？
5. 如何配置绿化植物？
6. 绿化色彩设计类型有哪几种？色彩配置原则是什么？
7. 如何进行园林绿化设计？请举例说明。
8. 立体绿化的主要形式有哪些？请举例说明。
9. 请就某地的一处景观，从功能分区与绿化布局的角度进行分析。
10. 以当地市政公园绿化为例，从空间布局、设计形式上分析其绿化特色。

# 第6章 园林景观广场设计

**识读难度:** ★★★★★
**重点概念:** 特征、类别、设计原则、设计方法

> **章节导读**
>
> 园林景观广场是园林空间中的重要板块,特别注意环境布置,要结合园林中的建筑、道路、植物、山水等元素综合设计,要能使广场具备休闲、娱乐与审美功能。本章讲解广场的特征与分类、广场铺装与绿化、广场设计要点等知识点。

## 6.1 广场设计基础

### 6.1.1 广场概念

广场是以硬质铺装为主,软质铺装为辅,面积广阔,为公众提供休闲、漫步、观赏等功能的开放场地。广场除了硬质地面铺装,还有少量的树木、花草、地被植物元素,根据设计主题搭配不同材质。

### 6.1.2 广场设计特征

**1. 展示特征**

(1)整体性。广场空间与园林大环境相协调,利用有限条件进行合理优化,实现广场空间与园林环境共生(图6-1)。

(2)层次性。广场空间分为许多局部空间,能提升空间品质,为公众提供多层次停留空间(图6-2)。

**2. 人文特征**

人在广场空间中的行为具备一定特征,是园林景观广场设计的重要依据。

(1)群聚性。公众存在一定从众心理,多数人会出于相同目的聚集在广场上(图6-3)。

(2)依靠性。人在环境中偏爱在视线开阔且有利于保护自己的地方逗留,如大树下、廊柱旁、

建筑周围等可依托的地方集聚。这些地方应当设计坐有所依、站有所靠的构造设施（图6-4）。

（3）时间性。根据公众在不同时间段的心理需求，调整广场设计方案，使广场具有舒适性与安全性（图6-5）。

（4）领域性。公众在广场内进行基础社交活动时，仍需保持一定距离，在广场中设计具有独享可能性的局部空间和配套设施（图6-6）。

图6-1 统一的空间

图6-1：广场设计应重视空间的秩序性，运用均衡、韵律、比例、尺度、对比等审美原则来处理空间。

图6-2 层次空间局部

图6-2：广场设计应通过地面高程变化，搭配植物、构筑物、座椅设施等实现层次划分，形成多功能空间。

图6-3 广场群聚性活动

图6-3：广场聚集的人群需要大面积活动空间，这类空间不能无止境扩大，需要进行分隔设计，通过绿化带划分出相对较大的活动空间，便于人群快速聚集。

图6-4 广场座椅

图6-4：广场空间中的绿植、座椅、色彩都是设计重点，满足人的依靠心理需求，给予公众舒适、安心的心理感受。

图6-5 夜晚的广场

图6-5：灯光设计是表现时间的重要手段，灯光色彩、光照强度的变化可反映时间，灯光移动照射能表现出时间的流逝感。

图6-6 广场人性化座椅

图6-6：领域性特征反映了人的生理与心理需求，充分考虑人与人接触时的排他性，注意控制好广场中座椅的间距。

### 6.1.3 色彩与绿植配置

#### 1. 广场色彩

广场色彩由主色调与次色调组成，广场与周边自然环境色彩应当统一，植物配色能使广场构图具有丰富的视觉层次感（图6-7）。

#### 2. 广场绿植配置

为了提高广场的功能性，应当合理配置绿化植物（图6-8）。不同功能空间，可通过树篱进行隔离，选用黄杨、紫叶小檗、侧柏等树种。大中型乔木能构成广场环境的基本结构与骨架，较矮小的植物能形成良好的视觉填充效果。

（a）纪念性广场色彩

（b）休闲广场色彩

图6-7 广场色彩

图6-7（a）：广场色彩与广场的功能、性质等有关，纪念性广场的色彩应凝重些，给人以庄严、稳重的感觉。

图6-7（b）：休闲广场多以浅灰色为主，搭配局部深色木纹和浅色石材，形成强烈的明暗层次对比，形成轻松、舒适的氛围。

（a）植物组合造景　　　　　　　　　　（b）植物环绕广场

图6-8　广场植物配置

图6-8（a）：植物可通过树叶、花朵、果实、枝丫等各部分进行造型配置，考虑植物质感、色彩搭配，并与广场周边环境相协调。

图6-8（b）：采用高大的乔木环绕在广场周边，突出广场的凝重氛围。

## 6.2　广场设计方法

### 6.2.1　广场类型

广场类型十分丰富，具体见表6-1。

表6-1　　　　　　　　　　　　　　　广场类型

| 类型 | | 图例 | 说明 |
| --- | --- | --- | --- |
| 根据主体设计对象划分 | 雕塑广场 | | 主体设计对象为雕塑，多为公共雕塑与环境艺术设施，包括柱廊、雕柱、浮雕、壁画、雕塑小品、旗帜等艺术作品，这类广场要求主体设计对象具备较高的观赏价值，且要与周围环境相融合 |
| | 滨水广场 | | 主体设计对象为滨水景观，广场设计有旱地喷泉或雕塑喷泉，亲水设施能增强公众与自然的互动，能有效改善环境，水的亲和力也与广场周边建筑、硬质铺装等形成了鲜明的对比 |

续表

| 类型 | | 图例 | 说明 |
|---|---|---|---|
| 根据主体设计对象划分 | 景观绿化广场 | | 主体设计对象为绿化景观，绿化景观不仅能装饰环境、净化空气，同时也能创造可供公众运动、工作、学习、休憩等的舒适、清新的环境 |
| 根据平面组合状态划分 | 规则几何形广场 | | 规则几何形广场包括矩形广场、梯形广场、圆形广场等，这类广场多为对称形态，有明显的纵横轴线，具有庄重感 |
| | 不规则形广场 | | 不规则形广场是人为有意识的设计，主要由公众对生活不断的需求自然演变而成，广场形态多按照建筑物的边界确定，能给予公众舒适与亲切之感 |
| | 复合型广场 | | 复合型广场占地面积较大，是以数个小广场组合而成的大广场，这种形式的广场是通过运用美学法则，将分散小广场组织成有序、变化、统一的整体，能为公众提供更多的服务 |
| 根据组成形式划分 | 平面型广场 | | 平面型广场比较传统，多与道路位于同一水平面上，这种广场经济成本较小，但仍能设计出较新颖的亮点 |
| | 立体上升式广场 | | 立体上升式广场在地面形成不同层次的抬升，打破传统的封闭感觉，能够创造多元化空间环境效果 |
| | 立体下沉式广场 | | 立体下沉式广场要注重舒适性，建立各种设施，如座椅、台阶、残疾人坡道，强调以人为本的设计理念，充分考虑绿化效果，设置花坛、草坪、流水、喷泉等设施 |

## 6.2.2 广场定位

### 1. 理清广场性质

广场的设计定位应当反映出园林景观的设计特色,可将广场细分为集会游行广场、休闲广场、纪念广场、交通广场等几种。

(1)集会游行广场。集会游行广场位于园林主要干道的交会点或尽端,广场周围布置公共建筑,绿地设置较少,可在主席台、观礼台的周围重点设计常绿树。在广场四周道路两侧还可布置行道树组织交通,以保证车辆与行人互不干扰(图6-9)。

(2)休闲广场。集休闲、娱乐、体育、餐饮功能于一体,设计时要合理地规划绿化面积,兼具舒适性与艺术性(图6-10)。

(3)纪念广场。营造肃穆的氛围,保持环境幽静,尽量远离喧闹的商业区。广场地形应当规整,视野开阔,能体现出文化内涵。广场中要有主体纪念标志物,能形成庄严、雄伟、肃穆的环境氛围(图6-11)。

(4)交通广场。主要起到合理组织与疏导交通的作用,将人行道与车行道分离,快速分流车辆,规划好停车场的规模、位置等(图6-12)。

图6-9(a):北京天安门广场是具有代表性的集会游行广场,同时可为公众提供旅游、休闲等活动的空间,同时也能起到一定的交通作用,能满足人流集散需要。

图6-9(b):上海人民广场处于商业中心,广场中的活动区被周边绿化带分隔,远离城市喧嚣。

(a)北京天安门广场　　(b)上海人民广场

图6-9　集会游行广场

(a)张拉膜亭　　(b)大面积花坛　　(c)旱地喷泉

图6-10　休闲广场

图6-10(a):张拉膜亭构造简单,制作安装便捷,适合广场周边安置,方便公众休息、聚集。

图6-10(b):大面积花坛是广场空间划分的重要形式,花坛的造型和花卉植栽具有色彩搭配效果。

图6-10(c):休闲广场内设置各种亲水设施,如旱地喷泉,增强人与广场之间的互动。

### 补充要点

#### 集会游行广场设计要点

1. 交通线路布局。合理布置广场与相接道路的交通联系，确保交通顺畅。在设计过程中，要充分考虑行人、车辆的通行需求，避免因交通拥堵影响广场的正常使用。

2. 灯光照明设计。广场内应设置足够的灯杆照明，保证夜间活动的顺利进行。灯光设计要注重美观与实用性相结合，既能为广场增色添彩，又能满足照明需求。

3. 绿化花坛设置。在广场内设置绿化花坛，既能美化环境，又能为市民提供休闲、观赏的场所。绿化设计要充分考虑季节变化，选择适应性强、生长周期长的植物。

4. 排水与坡度设计。在保证排水的情况下，尽量减少坡度，使场地平坦。这有助于提高广场的使用效率，同时降低市民在广场活动时的安全风险。

图6-11（a）：以绿化为主的纪念广场主题氛围稍显轻松，以纪念历史文化人物、事件为主。

图6-11（b）：以铺装为主的纪念广场主题氛围严肃庄重，以纪念革命先烈、战争史实事件为主。

（a）绿化纪念广场

（b）铺装纪念广场

图6-11 纪念广场

图6-12（a）：西单牌楼始建于明代永乐年，因有碍有轨电车的通行，1923年10月被拆除。2008年奥林匹克运动会举办前在西单文化广场重建，如今西单牌楼已成为具有特别意义的象征物，具有标识性。

图6-12（b）：位于湖泊边的交通广场与桥梁联系在一起，广场成为地理位置的核心，周边功能区环绕在广场周边，与湖泊水域形成丰富的城市园林景观区域。

（a）北京西单文化广场

（b）水上交通广场

图6-12 交通广场

## 2. 明确广场设计主题

广场设计主题应具有鲜明性与个性，要求雕塑、铺装、公共设施、绿化等都能反映设计主题，要能使公众感受到设计的文化艺术魅力（图6-13）。

## 3. 明确广场设施特色

广场设施应具备强烈的体验感，注重公众感受，确保其材料质感、色彩、造型的舒适感，不能引起公众烦躁、焦虑等情绪（图6-14）。

图6-13（a）：文化主题定位需准确，不可过于混杂，结合所处区域的民俗风情、历史文化、经济状况等综合定位。

图6-13（b）：休闲主题广场多以空地与绿化为主，地面铺装造型丰富多变，并与植物巧妙结合。

（a）文化主题广场　　　　（b）休闲主题广场

图6-13　广场主题定位

图6-14（a）：广场座椅可以少量选用石材，石材座椅在冬季体验感不佳，部分石材座椅可以与地面铺装相结合。

图6-14（b）：木质座椅具有冬暖夏凉的特征，能较好缓解季节带来的温度差异，是广场主流配套设施。

（a）石材座椅　　　　（b）木质座椅

图6-14　广场设施定位

---

### 补充要点

#### 广场四种空间围合形式

1. 一面围合的广场，封闭性很差，规模较大时应当设计多层空间。
2. 二面围合的广场，空间限定较弱，空间有一定流动性。
3. 三面围合的广场，围合感较强，具有一定方向性与向心性。
4. 四面围合的广场，封闭性极强，具有强烈的内聚力与向心性。

### 6.2.3 突出广场主题

园林景观广场设计要明确广场功能,围绕功能设计主题,使广场的设计具有直观性。

#### 1. 具备文化内涵

文化内涵能反映出广场设计是否符合时代发展,考虑历史与文化价值,理解不同文化环境,选择合适的设计表现形式(图6-15)。

#### 2. 空间比例要统一

广场的空间比例大小必须与周边环境、园林环境等协调、统一,最终视觉效果才会具有艺术性,空间中的各元素也不会相互冲突(图6-16)。

(a)纪念碑广场

(b)爱国主义广场

图6-15 具备文化内涵的广场设计

图6-15(a):纪念碑具备文化内涵,而且能在人的印象中形成记忆点,公众在此休憩、娱乐的同时也能了解到更多历史故事。

图6-15(b):爱国主义广场记录着史实,表现出强烈的革命精神与爱国主义情怀。

(a)绿化统一

(b)具有特点的亲水平台

图6-16 整体统一的广场

图6-16(a):园林中的广场多为开敞式,运用合理的处理方法,将周边绿化融入广场环境中,利用尺度、围合程度、地面质地等处理从广场整体中划分不同空间领域,从而使设计突出主题,不与园林中其他要素相矛盾。

图6-16(b):广场中的水池是具有记忆点的标志物,能反映出广场的设计主题。

## 6.3 园林景观广场案例解析

### 6.3.1 满洲里套娃广场

**1. 背景分析**

套娃广场位于内蒙古自治区满洲里市，套娃广场又称为套娃景区，占地面积约87万平方米，是国家5A级旅游景区，是中俄边境旅游区的重要组成部分（图6-17）。

**2. 设计特色**

广场主体建筑是一个高30m的大套娃，建筑面积约3200m²，是目前世界上最大的套娃，广场集中体现了中、俄、蒙三国交界地域特色与三国风情交融的特点（图6-18～图6-20）。

图6-17：套娃广场是全国唯一以俄罗斯传统工艺品"套娃"形象为主题的大型综合旅游度假景区，是以中、俄、蒙多元的历史、文化、建筑、民俗风情为特色，集吃、住、行、游、购、娱为一体的大型特色风情园，极具趣味性与娱乐性。

（a）风情园

（b）套娃雕塑

图6-17 满洲里套娃广场

图6-18：广场由1个主题套娃、192个小套娃与8个功能套娃组成，异国风情十分浓郁。

图6-18 广场鸟瞰平面图

图6-19：广场中心有一个高大的套娃，是整个广场的主题套娃，主体套娃内部为俄式餐厅与演艺大厅，该主题套娃有三个面，一面为蒙古姑娘形象，一面为汉族姑娘形象，一面为俄罗斯姑娘形象，这也寓意着中、俄、蒙三国和谐相处的景象。

（a）蒙古姑娘

（b）汉族姑娘

（c）俄罗斯姑娘

图6-19 广场主题套娃

图6-20：在广场音乐喷泉的周围还有代表中国传统文化的十二生肖及西方占星文化的十二星座，广场上设计有千盏彩灯，这种灯光效果能给人极佳的视觉体验。

（a）主体雕塑与喷泉夜景　　　（b）建筑灯光夜景

图6-20　广场夜景

### 6.3.2　大连星海广场

位于大连南部海滨风景区，由废弃垃圾填埋场改造而成，该广场是世界最大城市公用广场，总占地面积176万平方米，外圈周长2.5千米（图6-21）。

### 6.3.3　大连奥林匹克广场

该广场为城市中的纪念广场，主要是为纪念大连建市百年，弘扬奥林匹克精神而建，建成于1999年，是大连建市100周年的献礼工程，如今已经成为一道亮丽的风景（图6-22）。

（a）全景　　　　　　（b）局部鸟瞰　　　　　　（c）华表

图6-21　广场细节

图6-21：该广场运用红、黄两色，象征着生生不息的炎黄子孙，广场周边设有5盏高12.34米的大型宫灯，由汉白玉柱托起，光华灿烂，并与广场内的华表交相辉映。广场四周还设置了造型各异的9只大鼎，每只鼎上以魏碑体书有一个大字，共同组成"中华民族大团结万岁"，象征着中华民族的团结与昌盛。

图6-22：广场面积约为6万平方米，分南北两部分，南部有一个足球场、12个网球场、4个门球场；北部广场不但矗立着五环标志，且整个广场也是由象征着五环的五个圆组合而成；广场东、西两侧各有一个约700个喷头的音乐喷泉，像两只高擎的巨手，将五大洲高高托起，这些设计都能彰显出奥林匹克拼搏向上、友谊团结的精神。

（a）大连奥林匹克广场　　　（b）广场雕塑特写

图6-22　大连奥林匹克广场

### 6.3.4 布达拉宫广场

该广场位于西藏拉萨，是一座融休闲、文化、集会等多功能为一体的现代化广场。布达拉宫广场东西长600米，南北宽400米，道路广场总面积1.8万平方米，可同时容纳4万人举行大型集会活动。从整体布局看，广场平坦而开阔，南面是西藏劳动人民文化宫，北侧是布达拉宫（图6-23、图6-24）。

### 6.3.5 卡比多广场

该广场雄踞于意大利罗马行政中心卡比多山上，是对称的梯形，前沿完全敞开，以大坡道登山，可俯瞰全城，它的立面经过米开朗琪罗的调整，设计有一座钟塔。广场一侧是档案馆，建于1568年，现为雕刻馆；一侧是博物馆，建于1655年，也叫新宫，现为绘画馆，这些建筑的立面都不高大，但雄健有力（图6-25）。

图6-23：布达拉宫广场的夜晚神秘而又带有独特的艺术气息，广场南端是音乐喷泉，公众可以悠闲地观赏音乐喷泉千变万化的舞姿。

（a）广场俯瞰

（b）广场音乐喷泉

图6-23　布达拉宫广场

图6-24：布达拉宫广场的南面矗立着西藏和平解放纪念碑，这座2001年建成的纪念碑，南面以远山绿树为背景，北面与巍峨壮丽的布达拉宫相对，主体呈灰白色，总高37米，碑体南面铭文上端设五条金带，代表西藏和平解放50周年；碑身造型是抽象化的珠穆朗玛峰，表现出高耸入云的气势及与天地同在的永恒性。

（a）纪念碑远景

（b）纪念碑近景

图6-24　广场纪念碑

图6-25：广场正中为罗马皇帝马库斯·奥瑞利斯的骑马青铜像，由地面的几何图案将它统一在建筑群的构图中。广场前沿栏杆上放置有三对古代石像，这些石像形成富有层次的景观。

（a）广场远景

（b）广场近景

图6-25　卡比多广场

## 6.3.6 三权广场

该广场位于巴西首都,是一座露天广场,广场周围的建筑设计构思大胆、线条优美、轻盈飘逸,广场中央是一幢28层楼高的建筑,广场对面是上、下议院,两幢建筑相映生辉(图6-26)。

图6-26:广场设计中有一尊没有刻画眼部表情的女士雕像,该雕像也被戏称为"失明的法官",反讽意味较强,主要是用来隐喻那些有失公平的评判,以此来警示执法人员要坚守正义。

(a)广场建筑　　　　　　　(b)广场雕塑

图6-26　三权广场

---

**本章小结**

广场在园林景观中占有非常重要的地位,它既可以连接建筑与建筑、建筑与园林道路、园林道路与园林道路,也可以划分空间,让人们在此休闲、停留,同时广场也是一种公共的艺术形态,它能体现出园林的设计特色,能帮助人们更深入地了解园林景观,因而在设计广场时务必将其与园林环境联系在一起,尊重周围环境和历史文化,注重文化内涵,统筹全局,有规划地设计。

---

**课后练习**

1. 简述广场的概念。
2. 简要说明广场的特征。
3. 如何划分广场类型?不同类型的广场各有何特点?
4. 不同性质的广场各有何特征?请举例说明。
5. 广场设计定位具体表现在哪些方面?请举例说明。
6. 广场空间围合有哪几种形式?
7. 广场设计应遵循哪些设计原则?请举例说明。
8. 请选择一处广场,从广场设计意义、材质选择、色彩搭配、植物配置等角度出发,阐明该广场的设计特色。
9. 以自己身边的某一处广场为例展开分析讨论,角度自定。

# 第7章 园林滨水景观设计

识读难度：★★☆☆☆

重点概念：滨水、水体、驳岸、多样性

## ◀ 章节导读

园林景观中水与人关系密切，滨水景观可以强化公众的参与性与观赏感，同时还能有效装饰环境，改善园林环境质量，在展示园林历史文化风貌特征的同时，能促进园林的可持续发展。本章主要介绍滨水景观的概念、设计特征、设计构成元素、设计原则、设计步骤、细节处理等相关知识点。

## 7.1 滨水景观基础

### 7.1.1 滨水景观概念

滨水景观是指临近水域的场所中设计的景观，主要对水、陆两种形态面域进行设计，能协调人与自然环境、人与社会活动之间的关系，促进园林景观可持续发展（表7-1、图7-1）。

表7-1　　　　　　　　　水域、陆地两种形态中的部分名词解释

| 分类 | 名称 | 释义 |
| --- | --- | --- |
| 水域部分 | 海 | 属于大洋的边缘部分，温度受大陆气候影响较大 |
|  | 江 | 是大河流的通称，如长江、黑龙江、珠江等 |
|  | 河 | 所有水道的通称，如内河、运河等 |
|  | 湖 | 指积水的大泊，如太湖、洞庭湖等 |

续表

| 分类 | 名称 | 释义 |
|---|---|---|
| 水域部分 | 泊 | 指湖泽、沼泽 |
| | 荡 | 指积水长草的洼地，如芦苇荡 |
| | 溪 | 指山间的流水，如山溪、溪涧 |
| | 塘 | 指水池，圆形的称之为池，方形的称之为塘 |
| | 池 | 是池塘的通称 |
| | 洼 | 指比较深的池 |
| | 渠 | 指沟渠、壕沟，也指人工开凿的水道 |
| | 沟 | 指田间水道 |
| 陆地部分 | 原 | 指广阔且平坦的地域 |
| | 平原 | 指广阔平坦的一片区域 |
| | 丘 | 指高地 |
| | 山 | 指地面上由土石构成的隆起部分，陆地表面高度较高、坡度较陡的隆起地貌 |
| | 河盆 | 指河流中的集水区域，包括地表水、地下水的流水集水区 |
| | 岛 | 指水中的陆地 |

（a）湖

（b）溪

（c）池塘

（d）荡

（e）渠

（f）岛

图7-1　滨水景观部分设计对象

## 7.1.2 滨水景观设计特征

**1. 生态环保**

现代城市经济发展，产生大量工业垃圾，水污染越来越严重。滨水景观设计必须重视湿地保护，在设计前应当进行环境评估，确定对环境无影响后才能继续开发（图7-2）。

**2. 资源共享**

滨水区域属于公共开放空间，应当具备资源共享特征，主要体现在水上航运、仓储设施、相关的港口和码头等方面，这使滨水景观必然具备商业功能、娱乐功能与办公功能（图7-3）。

**3. 休闲审美性**

滨水景观的所有要素，包括湿地系统、多样化动植物、滨水大道、亲水设施等都要求能和谐统一，并能与水域连接，给予公众视觉审美体验（图7-4）。

## 7.1.3 滨水景观色彩应用

滨水景观中的色彩能加强景观造型的表现力，色彩搭配能使景观造型具有层次感和丰富性（图7-5）。

图7-2 环保的滨水景观

图7-3 多功能的滨水景观

图7-2：滨水景观设计一定要注重与自然环境相融合，使其能够可持续发展，不破坏自然生态环境。

图7-3：滨水景观在不断趋向多元化，可以设计亲水步道等设施，不仅能放松游览者的心情，也能使滨水景观更具参与性和互动性。

（a）亲水平台

（b）亲水洼池

（c）观水平台座椅

图7-4 具备艺术性的滨水景观

图7-4（a）：亲水平台的设计造型很丰富，高于常规地面，站在高处能远望，同时也提示公众注意安全。

图7-4（b）：亲水洼池的水深较浅，水深不超过300mm，能提供安全的亲水空间。

图7-4（c）：观水平台要具备远眺的功能，安装护栏，设计座椅满足休闲与观景需求。

图7-5（a）：色彩设计应充分结合滨水景观的使用性质、功能和环境，要体现运动健身功能，可以将道路涂刷为彩色，形成区分明确的快、慢行道。

图7-5（b）：小面积水池种植多种水生植物，水面颜色较深，可以选用浅灰色花岗岩制作驳岸与护栏，加大色彩深浅的对比效果。

（a）混合色彩应用

（b）单色应用

图7-5　滨水景观中的色彩应用

## 7.2　滨水景观设计方法

### 7.2.1　设计构成元素

#### 1. 水体

水体是指水的集合体，水体有助于建立完善的生态环境，同时水体也容易被污染。在设计之前，应当明确滨水景观建设不会对水体生态造成不良影响（图7-6）。

#### 2. 护岸

护岸的功能是抵御微型水浪对岸边的冲击，维持水岸构造的稳定，护岸设计要能使公众轻松、便捷地靠近水边，并触摸到水，最大限度表现出滨水景观的功能与审美（图7-7）。

#### 3. 水生植物

水生植物是指水域周围及水陆交接处生长的植物。水生植物具有良好的亲水性、舒适性与功能性（图7-8）。

图7-6（a）：滨水景观可在流动的水体驳岸上砌筑较大卵石，对流水的冲刷具有较强的抵御力，能强化驳岸的耐久性。

图7-6（b）：可以设计水上穿廊、步道，人在水上行走，能浏览水面景色。

（a）亲水设施

（b）滨水步道

图7-6　滨水景观中的水体

―― 补充要点 ――

**滨水景观空间分类**

1. 线状空间。指狭长、封闭,有显著聚焦性与方向性的滨水区域,主要集中在狭小河道上。
2. 带状空间。指水面较为宽阔,由两岸建筑、绿化等构成侧界面的滨水区域,带状空间较为开敞。
3. 面状空间。指水面宽阔、尺度较大且形状不规则、空间开敞的滨水区域,水面背景较大。

图7-7(a):花岗岩砌筑的护岸成本较高,亲水功能良好,公众能轻松欣赏水的各种形态美。

图7-7(b):山石堆砌的护岸成本低廉,适用于自然河岸,护坡效果较好,与岸边道路保持一定距离,具有安全性。

(a)花岗岩砌筑护岸　　(b)山石堆砌护岸

图7-7　滨水景观中的护岸

图7-8(a):驳岸上的水生植物多为喜阳、喜潮湿的品种,种植在驳岸上,能阻隔水面与人的接触,防止落水危险。

图7-8(b):水中水生植物能遮蔽水面,减少水体蒸发,有蓄水保湿的功能,同时能净化水体。

(a)驳岸水生植物　　(b)水中水生植物

图7-8　滨水景观中的水生植物

**4. 滨水建筑**

滨水建筑是指滨水区域内或周边的建筑物或构筑物,具备航运交通、休憩居住、休闲娱乐等功能,如港口、码头、酒店、桥梁等,这些都是滨水景观中十分重要的设计要素(图7-9)。

### 7.2.2　设计原则

**1. 可持续发展原则**

园林景观设计需要考虑可持续发展,现有的设计应当具有前瞻性,便于日后修改和扩建,同时要避免产生重复和破坏,避免对周边环境造成影响(图7-10)。

图7-9（a）：注重桥梁建筑与滨水环境之间的平衡感，桥梁为石拱造型，与周边的仿古环境相融合。

图7-9（b）：挡土驳岸的功能是防止岸边土壤滑坡，造成水土流失，采用毛边黄石垒砌，形成整齐的堆积效果，既能作为亲水平台，又能使水资源保持洁净。

（a）跨水桥梁

（b）挡土驳岸

图7-9　滨水景观中的建筑

图7-10（a）：在滨水景观中设计多样的植物造景，形成丰富的视觉效果。

图7-10（b）：市政广场中的滨水景观设计应当预留较大面积空地，暂时作为草坪，保持可持续发展的空间潜力。

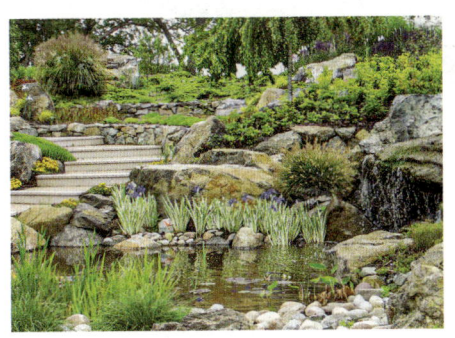
（a）园林中的局部滨水景观

（b）市政广场中的滨水景观

图7-10　可持续发展的滨水景观

### 2. 防洪原则

滨水景观设计应建设具有防洪功能的护坡、护岸等，可以利用水域旁自然生长的植物使之形成保护带，或利用各类石材，在水域旁建立护坡、护岸。当有洪水来袭或在涨水期时，能起到较好的防洪作用，同时护坡也能有效减缓流水对泥土的冲刷（图7-11）。

### 3. 亲水原则

滨水景观设计能够为公众提供安全平台或亲水设施，同时考虑到平台设施是否与周边环境相协调，是否具备安全性（图7-12）。

图7-11：护坡、护岸不仅有利于巩固河床，还能使游览者更加贴近自然，能够亲切地感受到大自然的气息。

图7-12：滨水景观要让人能亲近水，为了保护人的安全，要求水浅，水流速度小。

图7-11　护坡

图7-12　亲水平台

### 4. 植物多样性原则

滨水景观中的绿色植被应当多样化，品种不少于10种，能使滨水景观设计更具层次感，不同色彩的植物组合搭配，提高观赏价值（图7-13）。

### 5. 美观与实用原则

滨水景观属于公共开放空间，在考虑美观的同时，还需要考虑滨水景观的实用性，结合游览者活动规律，进行系统化设计（图7-14）。

图7-13：沿滨河两岸种植绿植，创造不同的层次感，增加植被覆盖率，植被区色彩搭配均匀，按照高低差进行自由搭配。

图7-14：美观主要体现在特异的造型结构和多样的色彩搭配上，同时结合灯光来提升黄昏或夜间的视觉效果。

图7-13　植物多样性

图7-14　美观与实用相结合

## 7.2.3　设计方法与步骤

### 1. 收集并勘察资料

（1）获取地形图与勘测文件。通过勘测文件可以快速地了解到当地土壤、地下水的特性，同时收集一些特殊的地貌信息，这些信息都将成为园林滨水景观设计的参考资料（图7-15）。

（2）现场勘察。现场勘测考察能建立真实、直观的视觉印象，对地形表面肌理特点与生态环境状况能有更深层次理解。

（3）其他资料、信息的收集。主要包括风向、水位、水文、气候、植被、动物等信息，查看当地是否有水利设施等，这些都能为滨水景观设计提供科学、有效的支撑材料。

### 2. 确定设计核心目标

（1）确定目标。包括环境目的、社会目的、经济目的（图7-16）。

（2）明确重点。设计的重点是保护并合理开发滨水景观空间，为公众创造安全、舒适、美好的环境。

（3）设定设计流程。制定严密的步骤进行调研分析，细化滨水景观设计流程，减少设计工作量。

### 3. 分析设计对象

（1）自然景观。指周围景观，分析山石、溪流、桥梁、植被、地形与环境的特色等。

（2）自然环境。指生态环境，分析气候、气温、降水量、主导风向、日照、地形等。

（3）人工环境。指人工构筑环境，分析土地使用状况、建筑物与构筑物状况等。

（4）周边公共服务设施。包括运动、文化、商业设施等，分析这些设施的使用人群、磨损率、

图7-15　勘测文件

图7-15　勘测文件具有准确的信息，在获得原始地形图的基础上绘制出原有基地上的构筑物等，并对其进行矢量化复原，同时勘测地形高程数据与尺寸。

图7-16（a）：环境目的是维护生态环境平衡，避免生态系统遭到破坏。

图7-16（b）：社会目的是传承历史文化，改善人与自然之间的关系，为公众提供可以娱乐、休闲、文化交流的场所。

图7-16（c）：经济目的是带动商业与旅游业发展，在设计中注入商业元素。

（a）保证环境目的　　（b）保证社会目的　　（c）保证经济目的

图7-16　滨水景观的设计目的

（a）植被　　　　　（b）自然景观　　　　（c）运动设施

图7-17　滨水景观环境要素

图7-17（a）：植被与水景相环绕，形成相辅相成的自然状态，建造汀步，搭配山石与植被形成视觉对比。

图7-17（b）：突出自然景观，简化人工建筑物、构筑物造型，设计水深较浅、护坡较缓地段的自然景观。

图7-17（c）：适当添加运动设施，将运动设施集中布置在一个区域内，同时环绕滨水景观区周边设计多处设施。

使用频率等（图7-17）。

### 4. 进行深化设计

（1）根据资料开始制作滨水景观设计的总平面图与模型（图7-18、图7-19）。

（2）细化设计各个功能空间，深化安全、疏散应急设计，考虑紧急避难场所与安全防护装置。

（3）设计艺术作品，提高环境观赏性，完善绿化带、道路、护坡等设计细节。

## 7.2.4　做好细节处理

细节决定成败，园林滨水景观设计要注重驳岸细节处理，兼具美观性、安全性与抗洪性。驳岸设计应与周围环境和谐统一，搭配相应植物，驳岸风景要能与水中风景充分融合。坚持实用、经济、美观相统一（图7-20）。

图7-18　园林滨水景观设计总平面图

图7-18：根据总平面图推测滨水景观对滨水生态环境的影响，综合进行环境预测，及时调整规划与设计方案。

图7-19：对滨水景观区进行细节设计，如护坡、驳岸、滨水道路铺装、环境色彩搭配等，反复调整修改并得出最佳方案。

图7-20：多层驳岸能防止水浪对岸边的冲击，驳岸同时也是亲水平台，考虑安全防护功能，在驳岸边设立相应防滑措施，以防摔倒。

图7-19 滨水景观相关模型

图7-20 多层驳岸

## 7.3 园林景观滨水案例解析

### 7.3.1 深圳前海石景观岛

深圳前海石景观岛位于深圳前海深港合作区，该景观岛具有良好的海陆空交通条件与突出的综合交通优势，当地政府大力支持，对多项建设给予各种优惠政策（图7-21～图7-24）。

（a）前海深港合作区全景图　　（b）标志性山石小品　　（c）跨海大桥　　（d）海岸滨水

图7-21 前海石景观岛现状实景图

图7-21：在设计之前，海岸滨水区显得普通、单调，无地域文化特色，对外地游客毫无旅游吸引力。

图7-22 整体区域鸟瞰图

图7-22：整体设计方案用于连接自然与城市，增强人与自然之间的联系，带动经济发展，加大生态环境的维护力度，为未来可持续发展打下坚实的基础。

# 第 7 章
## 园林滨水景观设计

（a）水量高低潮

（b）湿地、草坪分布情况

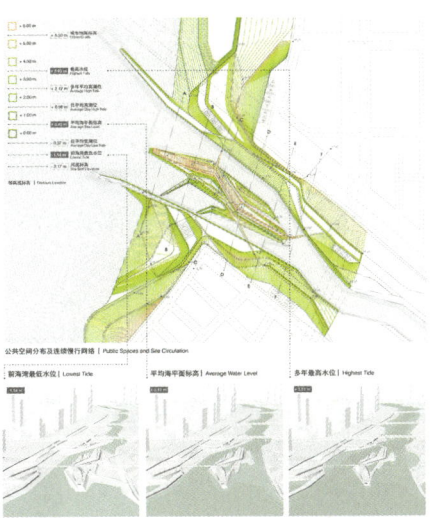

（c）水位情况

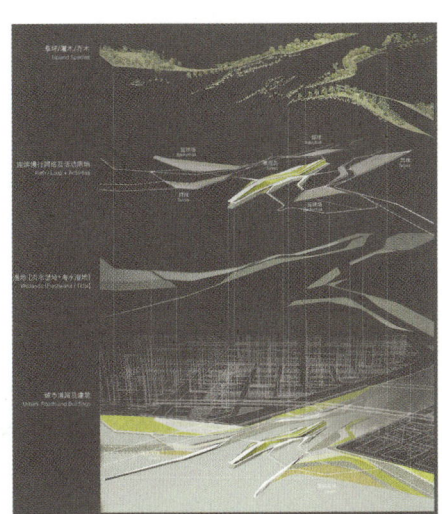

（d）植被、建筑、交通情况

图7-23：在实际进行设计之前，对前海周边环境做了比较详细的实地考察，包括周边人文环境、海洋环境、生态环境、相邻区域的地理环境特征、人口特色等。

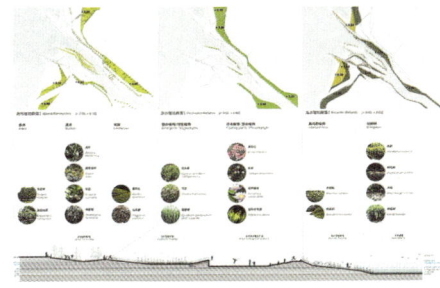

（e）植被系统

（f）交通布局

图7-23　考察资料

（a）桥梁

（b）建筑

（c）湖中岛

（d）滨水大道

（e）平面图

图7-24：经过设计后兼具多种功能，前海的整体规划设计囊括娱乐、经济、休闲等功能，在进行规划设计时充分考虑到了各方面的因素。

图7-24　前海石景观岛效果图

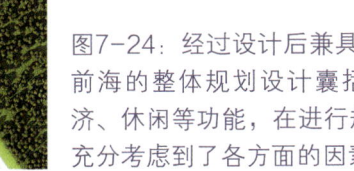

## 7.3.2 滨水景观空间护坡

### 1. 砌筑滨水护坡

砌筑滨水护坡可通过先平面砌筑、再绿地铺装、最后继续平面砌筑的方式完成，主要是为了减缓水体在雨水多发季节对河岸的冲击力（图7-25～图7-27）。

图7-25：砌筑滨水护坡，有利于维护滨水景观的生态可持续发展，对滨水景观的建设有很大的帮助。

图7-26：在砌筑滨水护坡的边缘处，会选择中等大小的石块来作为压边，这些石块兼具装饰性与实用性。

图7-25 砌筑滨水护坡

图7-26 护坡压边石块

（a）砌筑面局部（一）

（b）砌筑面局部（二）

（c）砌筑面局部（三）

图7-27 倾斜的砌筑面

图7-27：在设计砌筑滨水护坡时，台阶式的砌筑面是很好的选择，可将该台阶式的砌筑面设计成略微倾斜的平面，目的是在雨水期，雨水可以沿着该倾斜的台面顺流而下，到达砌筑面下方的鹅卵石地面，这种设计形式能获得较好的效果。

### 2. 植被滨水护坡

植被滨水护坡是指在水陆交界处以先砌筑平台，后布置植被的方式构筑的护坡，其中植被为主，砌筑面为辅，多设置在河、江等流域较大的区域。在涨水期时，植被滨水护坡可以很好地起到防洪的作用；同时也能增强植物群落的多样性，对生态环境维护起到重要作用（图7-28～图7-30）。

图7-28：植被滨水护坡能很好地在洪水期减缓水流压力，提高坡面的抗冲刷能力，同时坡面高低层次分明的植被也增加了整个护坡的观赏性。

图7-29：此处植被滨水护坡呈台阶式，每一阶都种植着不同高度的植被，形成了高低错落的植物景观，这种设计形式不仅增强了整体护坡的立体感，同时台阶的高低落差还能减缓水流冲刷，更好地起到护坡作用。

图7-30："压石"在植被滨水护坡中经常用到，一方面"压石"排列均衡，却又错落有致，间距基本相等，每隔3~5m便会分布一块压石，这种布局能形成别具特色的石景观；另一方面"压石"也可以很好地减缓水土流失，增强护坡能力。

图7-28　植被滨水护坡

图7-29　层次感强的植被景观

（a）压石远景

（b）压石近景

图7-30　植被滨水护坡压石

### 本章小结

园林滨水景观的设计必须融入生态理念，必须严格遵循生态优先、以人为本的设计原则，设计必须趋向可持续发展。为了创造一个舒适、自然的滨水景观空间，在设计之前一定要明确设计元素的具体内容，并遵循一定的设计步骤，必须严谨、科学地开展设计工作。

### 课后练习

1. 简述滨水景观的概念。
2. 简要说明滨水景观的设计对象有哪些。
3. 滨水景观设计有何特征？滨水景观空间可分成哪几类？
4. 在进行滨水景观设计时如何选择色彩？
5. 园林滨水景观主要由什么构成？请具体阐明。
6. 园林滨水景观设计应遵循哪些设计原则？请举例说明。
7. 园林滨水景观设计具体应如何实施？请举例说明。
8. 亲水场地应设置哪些设施？请具体说明。
9. 请选择一处滨水景观，阐明该滨水景观的设计意义与设计特色。
10. 以自己身边的某一公园内滨水景观为例展开分析讨论，角度自定。

# 参考文献 REFERENCES

［1］诺曼·K.布思. 风景园林设计要素［M］. 曹礼昆，曹德鲲，译. 北京：北京科学技术出版社，2018.

［2］王莲清. 道路广场园林绿地设计［M］. 北京：中国林业出版社，2001.

［3］金涛. 园林景观小品应用艺术大观［M］. 北京：中国城市出版社，2003.

［4］王郁新. 园林景观构成设计［M］. 北京：中国林业出版社，2007.

［5］丁勇. 园林绿化基本技能［M］. 北京：中国劳动社会保障出版社，2007.

［6］陈杰. 现代园林景观小品艺术［M］. 长沙：湖南人民出版社，2008.

［7］彭东辉. 园林景观花卉学［M］. 北京：机械工业出版社，2009.

［8］凤凰空间·华南编辑部. 园林铺装［M］. 南京：江苏人民出版社，2012.

［9］冯莎莎. 园林绿化树木整形与修剪［M］. 北京：化学工业出版社，2015.

［10］丛林林，韩冬. 园林景观设计与表现［M］. 北京：中国青年出版社，2016.

［11］董莉莉. 园林景观材料［M］. 重庆：重庆大学出版社，2016.

［12］梁艳，李晶. 园林景观设计基础［M］. 北京：清华大学出版社，2018.

［13］朱燕辉. 园林景观施工图设计实例图解［M］. 北京：机械工业出版社，2018.

［14］王宜森，刘殿华，刘雁丽. 园林绿化工程管理［M］. 南京：东南大学出版社，2019.

［15］孙超. 园林工程从新手到高手系列：园路、园桥、广场工程［M］. 北京：机械工业出版社，2020.

［16］戴欢. 园林景观植物［M］. 武汉：华中科技大学出版社，2021.